AF366096

Oscar Rodríguez

Ser Jefe

una guía práctica, desde la sistémica

ISBN: 978-84-9916-697-1
Depósito legal: M-16910-2010
Editor Bubok Publishing S.L
Primera edición Junio 2010
Impreso en España

A mis padres, por lo mucho que me dieron;

a mi mujer, por estar;

y a mi hijo, por enseñarme a amar incondicionalmente.

Índice

Prólogo de R. Martínez (Thunderbird)

> *" Bien sé que no vas a aprovecharte dolosamente de mí, ni queriendo*
> *ni sin querer, ni consciente ni inconscientemente; por lo tanto puedo*
> *poner en tus manos mi situación de momento, mi categoría y prestigio*
> *en este grupo y hasta mi propia vida."*
>
> Douglas Mc. Gregor

¿Qué es el modelo sistémico, la Consultoría Sistémica o bien el Coaching Sistémico, como más recientemente se le ha dado en llamar? Enfoque administrativo, estrategia educativa, tecnología para el cambio.....es esto y más. Rebasando las definiciones más completas, este enfoque sistémico implica algo que los enfoques mecanicistas y de la "administración científica" habían curiosamente pasado por alto: que el fin último y único de cualquier organización humana es el hombre mismo, y que la productividad y eficiencia, si bien importantes, son parte de una esencia ilusoria, pero no de la subsistencia. Y que todo organismo, quiérase que no, está más preocupado por su subsistencia que por la productividad.

La Consultoría Sistémica se nos presenta como un reencuentro con los valores más representativos del hombre, un nuevo humanismo que sienta sus bases, no en un concepto bohemio, trasnochado, justificador de flaquezas humanas, sino en la visión de un hombre nuevo y total que se integra, con una clara conciencia y responsabilidad del trascendente papel que la naturaleza le ha otorgado, aceptando así, su supremo destino, infinito y desconocido, pero común por necesidad.

Para los pioneros de esta nueva disciplina y en especial para Von Bartalanffy, quedó claro desde el principio que este reencuentro con el hombre, se refería a una confianza profunda y total en las capacidades del mismo. Confianza tal, que olvidando las fallas inherentes a la experimentación, dejaba vislumbrar un futuro grandioso y pleno. Futuro en que superaba aquellos tiempos en que el hombre, *"homo hominis lupus"*, había perdido sus posibilidades de existencia en aras de una esencia confusa; ideología del hombre y su destino que propugnaba un esquema de valores entendible y aplicable sólo en aquellas relaciones de carácter acumulativo y cuantitativo, visión económica del hombre que lo condenaba a una carrera fatigantemente interminable, a un llenar abismos sin fondo y peor aún, a desequilibrios sociales que hacían a opresores y a oprimidos esclavos de la misma pena.

En consecuencia el Enfoque Sistémico ofrece un concepto del trabajo que nos hace cambiar la metáfora de "máquina", para referirnos a las organizaciones, en donde éstas solamente pueden ser entendidas y descritas por la Física y las Matemáticas. La nueva metáfora utilizada hoy, es "Organismo", que se comporta y entiende bajo leyes distintas como las planteadas por la Bilogía. Los isomorfismos de la ciencia, como solía llamarlos Bartalanffy, son los principios que rigen el comportamiento de los sistemas, independientemente del nivel de sistema que se esté analizando.

Probablemente en el futuro se sustituya la palabra, a causa de las implicaciones, ciertamente poco atractivas, que la sóla mención del vocablo "trabajo" produce tradicionalmente. El trabajo contemplado como juego, en su más completa acepción de la palabra juego, en que la energía, la voluntad y el ingenio, se conjugan en una estructura armónica, fuente constante de satisfacciones, retos y realizaciones, cuyos resultados van más allá, mucho más, que el producto físico logrado; pretexto de dicho juego.

Nostalgia, acaso, del *"homo ludeno"* renacentista, cuyo recuerdo aun anima nuestra confianza en la infinita capacidad creadora que nos impulsa.

Nos toca pues, ser testigos del nacimiento de una nueva mentalidad que contempla al hombre y al mundo con una visión confiada y optimista. Optimismo no gratuito que se apoya, entre otras cosas, en la investigación y práctica validadas por las ciencias del comportamiento. Visión que confirmará su confianza al llegar el momento no lejano, en que los adelantos y la distribución de la tecnología y la automatización, permitan que los puestos de trabajo enajenantes y sucios desaparezcan.

Estas reflexiones han sido planteado repetidamente en las investigaciones sobre sistemas de trabajo. Por ejemplo, hace alrededor de 30 años el "Work in America Institute" publicó, lo que parecía en su momento, motivar a la fuerza de trabajo, concluyendo que en esencia era la necesidad de sentirse tomados en cuenta, por lo que los sistemas participativos florecieron desde entonces con nombres variados, desde *círculos de calidad* hasta *organizaciones de alto desempeño*.

Recientemente el libro "The New American Workplace" de J. O'toole y E. Lawler III, replica la investigación anterior y concluye que las reglas del juego han cambiado, y que lo que demanda la nueva fuerza de trabajo es una mejor relación son sus jefes, un sentido de comunidad y un mayor significado del trabajo. Por una avenida distinta, en Ontología del Leguaje (fuente del Coaching Ontológico) también se plantea la necesidad de que el rol de los gerentes cambie, para que sean más bien "agentes conversacionales", de tal manera que podamos crear nuevos significados del quehacer diario.

Fiel reflejo de lo que es el Enfoque Sistémico nos ofrece Oscar Rodríguez, a través de un esfuerzo sostenido, investigando y experimentando a lo largo de años. Trabajo extenso y profundo, sin embargo apenas introductorio, que se cimienta en 3 valores fundamentales: vivencia, experimentación constante que soporta los principios teóricos, pero sobre todo, una genuina confianza en los valores que han dado vida a este nuevo enfoque.

Oscar fue maestro mío en México. Debo reconocer que desde el primer momento me sentí muy impactado por el estilo de Oscar, quien le llamaba al "pan, pan y al vino, vino" y quien a través de un lenguaje sencillo y llano, sin dejar de ser profundo, pudo compartir conceptos complejos con frases o expresiones que no requieren explicación adicional. Por ejemplo, lo que Chris Argyris, de la Universidad de Harvard, llama "aprendizajes de segundo orden" (*Second loop learning*). Oscar simplemente le llama "el tinte de tus gafas".

Oscar fue capaz de representar las dinámicas a las que hace referencia en este magnífico libro llamado, a través de un esquema todavía incipiente en las organizaciones que se fundamenta en principios y metodologías sistémicas, holísticas, y que juntas generan un nuevo enfoque llamado "Coaching Sistémico". Oscar es uno de los pioneros en las aplicaciones de esta nueva metodología a nivel internacional, por lo que espero que en su siguiente libro nos explique el fundamento de las recomendaciones que nos da en este libro, a través de esta perspectiva.

Dentro de pocos años el término Enfoque Sistémico, provisional como lo es y redundante en su sentido, desaparecerá. Desaparecerá el término pero no los valores, la intención y el vigor que señala, pues el desarrollo de las ciencias ya iniciado en el camino de la Teoría General de Sistemas, demostrará que este reencuentro con el hombre y con la naturaleza, es el que seguramente nos salvará de una destrucción que muchos creyeron inevitable.

Catedrático Dr. Rogelio A. Martínez H.
Profesor en el Master Global MBA, de Thunderbird (Nº 1 en USA); del Doctorado en Cambio Organizacional de la Universidad de Pepperdine, en Los Ángeles; y del Master en Desarrollo Organizacional de la Universidad de Monterrey

Introducción

Una empresa no es una cuenta de resultados, un plan de producto, unas infraestructuras productivas, ó una Visión. Una empresa son personas. Todo son personas. Y es una persona la que hay detrás desde la decisión más estratégica hasta la acción más insignificante. Y las personas son complejas…¡vaya que si lo son!

Así que el mejor Plan de Producción del mundo, desarrollado con la ayuda de una carísima consultora, e implementado con los mejores medios técnicos existentes, puede resultar un fracaso total dependiendo de cómo esté la plantilla que tenga que implementarlo, y cómo su jefe la gestione. Y miles de proyectos, productos, y empresas en todo el mundo tienen problemas, cuellos de botella, bloqueos, fracasos, quiebras y extinciones, debido al "factor humano".

Sin embargo, desde siempre, y también hoy en día, las facultades de Empresariales, y las Escuelas de Negocios siguen dedicando casi todas las horas lectivas a formar en conceptos, metodologías, y procesos técnicos de Gestión, dedicando poco ó casi nada de tiempo a enseñar las complejidades y sutilezas del ser humano dentro de una organización (claro que en el mundo de la Gestión se conoce poco sobre estas sutilezas, más pertenecientes al ámbito de la psicología y el coaching).

En este libro abordaremos, de manera condensada, la mayoría de los aspectos del "factor humano" que un gestor, una persona con otras a su cargo (un jefe), debe conocer. También explicaremos las leyes ocultas que regulan los comportamientos grupales en organizaciones (tanto públicas como privadas), y la mayoría de conductas individuales nocivas en una organización. Asimismo, enseñaremos las actitudes, principios, y prioridades a la hora de gestionar personas, así como pautas (con muchos ejemplos) para entender el comportamiento humano en una organización.

Y es que nadie nos ha enseñado realmente a gestionar personas, a ser jefe.

Cuando, por poner un ejemplo, un comercial es muy bueno, a menudo tarde ó temprano la manera en que la empresa le recompensa es ascendiéndole a Jefe de área, Jefe del departamento comercial, etc. Pero… ¿quién dice que un buen comercial puede ser un buen gestor de personas, un buen jefe? Las cualidades y conocimientos útiles para vender no son necesariamente las mismas que las necesarias para gestionar a, pongamos, un equipo de ventas.

Sin embargo, esta situación es muy común: cuando una persona demuestra valía en determinado puesto, a la larga lo más habitual es que se le ascienda a un puesto de responsabilidad.

Así, es muy probable que las carencias del jefe en cuanto a gestión de personas, y determinados comportamientos suyos, creen no sólo tensiones humanas, sino también ineficiencias, bloqueos y fracasos en proyectos, pérdida de rentabilidad y otros problemas de Gestión. Como dijo hace poco el ex presidente de La Caixa, Criteria Caixa Corp y Aigües de Barcelona, el Sr. Ricardo Fornesa: *"Mandar no es lograr el cargo, sino el respeto de tu equipo"*.

Muy pocas Escuelas de Negocios y otros centros especializados enseñan realmente a gestionar personas. Existen algunos modelos, y algunos libros, con algunas recomendaciones genéricas, pero normalmente los centros formativos se focalizan en la gestión del negocio, la gestión empresarial, dedicando poco o ningún tiempo a formar realmente para dirigir a seres humanos…y un ser humano es mucho más complejo.

En realidad, una organización no es más que el sumatorio de una serie de personas (con distintas motivaciones, bagajes y actitudes) junto a una serie de valores e historia propia a cada organización. El subordinado no es una máquina que ejecutará de manera eficiente y constante una misma tarea, de la misma manera, y sin crear tensiones.

En este libro, sin pretender resultar un compendio exhaustivo y académico en la materia, abordaremos la mayoría de aspectos que un actual ó futuro jefe ha de tener en cuenta a la hora de dirigir personas, de manera sintética y práctica, en formato Guía. Y lo haremos sin demasiados tecnicismos, con un lenguaje llano, y con muchos ejemplos y casos reales, tanto de empresas privadas como de organizaciones públicas.

Estos casos son una selección de algunos en los que he trabajado tanto con organizaciones como con Directivos a título particular, en los últimos años. Para respetar la confidencialidad se han cambiado nombres, y algunos detalles secundarios. En los casos se presentan los hallazgos y soluciones encontradas trabajando con el cliente, a través del coaching sistémico.

El modelo de gestión de organizaciones y personas que subyace a todo el libro es el modelo sistémico para organizaciones descubierto en sus inicios por el psicoterapeuta alemán Bert Hellinger (a su vez apoyándose en los avances de otras grandes figuras de la sistémica), y ampliado por distintos autores a lo largo de los últimos diez años como Gunthard Weber, Klaus P. Horn y Regine Brick, Nino Tomaschek, etc, hasta llegar a lo que recientemente algunos definimos como coaching sistémico, ó consultoría sistémica.

A este modelo básico he añadido comprensiones que aprendí de distintas corrientes del mundo de la psicoterapia, tanto durante los años en los que me formaba en psicoterapia (especial impacto tuvo en mí la psicoterapia sistémica de Svagito Liebermeister), como después, así como comprensiones que he ido desarrollando en mis años de trabajo con organizaciones públicas y privadas.

Capítulo I: ¡Lo que hay que ver!

¡Gentuza! -grita el Gerente Sr. Antúnez a sus empleados, en la popular comedia televisiva *Camera Café- ¡Más que gentuza!*

Antúnez es un gerente que se arrebata ante el absentismo laboral de sus empleados, y su poca implicación para con la empresa. En el programa televisivo, obviamente, se exageran los comportamientos para poder entrar en el terreno de lo cómico, pero…¿es la situación tan alejada de la realidad?

Si hubiese que hacer una serie televisiva sobre las situaciones más habituales en nuestras organizaciones, tanto en empresas como en instituciones públicas, la mayoría de los capítulos no pertenecerían al género de la comedia. ¿Nadie se ha preguntado, en el nombre del Santo Balance, por qué hay tantos problemas en las organizaciones?

En teoría, un buen gestor al cargo de una solvente gran empresa, tiene los recursos para poder diseñar e implementar bien cualquier nuevo proyecto. Tiene un Plan de Marketing, un Plan de Producción, un departamento de Calidad, uno de Recursos Humanos… y ha gastado bastante dinero en que una de las más reconocidas firmas de consultoría le asesore en todo el proceso.

Sin embargo, llegamos a la implementación, y ocurren infinidad de problemas, tanto técnicos, como humanos, e incluso de mercado. ¡Si sobre el papel todo estaba bien pensado y repensado!

Nuestro gestor simplemente ha cometido el error, como la inmensa mayoría, de asumir que un empleado hará lo que se espera de él, independientemente de todo. Pero, así como una prensa hidráulica siempre ejecutará el prensado de la misma manera al oprimir un botón, una persona "prensará" de una manera u otra dependiendo de varios factores, que trataremos más adelante.

Sin embargo, en nuestras organizaciones se invierten considerables sumas de tiempo y dinero en la parte teórica y de procesos (Plan de Marketing, Plan de Producción, Plan de Calidad, Plan de Gestión...) y prácticamente nada en gestionar adecuadamente las personas (por desconocimiento, principalmente).

Y una organización no es un logo, unos activos, una cartera de clientes, un edificio, una patente...¡son personas! Un grupo de personas: ni más ni menos. Desde el Presidente del Consejo hasta el último becario, y lo impactante al trabajar con cientos de empresas es ver es que el éxito o fracaso de la mayoría de proyectos depende más de cómo esté ese equipo humano, que de la parte teórica del proyecto. Un ejemplo:

EJEMPLO 1. El equipo de Marketing de la división en España de una multinacional, formado por 9 personas, aparentemente "va bien". Escarbando un poco, descubrimos que existe tensión, descoordinación, y objetivos distintos.

El Jefe de Marketing, que lleva menos de un año en el puesto, tuvo tensiones personales al poco de llegar con uno de los miembros del equipo más antiguos en la empresa, y le despidió (argumentando, por supuesto, otros motivos). Después puso a una persona de su confianza en el puesto vacante.

Desde entonces, el equipo está, en lo profundo, dividido (aunque esto no es aparente): dos personas siguen ciegamente (por miedo) las preferencias del jefe y de su persona de confianza. Otras cuatro personas han hecho "piña" y aunque en la superficie son políticamente correctos, tienen un vínculo interno de protección y un bien fingido rechazo al jefe. Finalmente, el octavo subordinado comenzó a buscar otro empleo poco después de aquel incidente (cree, infundadamente, que él será el próximo despedido, y no quiere tener otra mancha en su currículum).

Entonces, le llega al jefe de este equipo el mandato, desde la sede central, de diseñar y coordinar la campaña de marketing y distribución en España de un nuevo producto que se lanza. La creación de ese nuevo producto ha llevado a la sede dos años y tres millones de Euros de inversión, y hay varias decisiones importantes que el equipo tendrá que tomar sobre la distribución, el precio, y la promoción del producto.

¿Qué crees, querido lector, que pasó en este caso? ¿Va a poder trabajar realmente en equipo este grupo de personas? ¿Qué pasará con la calidad del resultado?

El jefe dio unas directrices muy claras sobre el canal de distribución a usar para la venta de este producto, asesorado por su persona de confianza, y basándose en sus conocimientos. Dos de las personas del "grupo piña", con más experiencia sobre lo que en esta empresa funcionó en el pasado en cuanto a distribución de producto y lo que no, intentaron hacerle ver al jefe que ese canal, dada la naturaleza del nuevo producto, quizás no fuese la mejor opción, pero lo hicieron "con la boca pequeña", sutilmente.

Los dos que seguían ciegamente al jefe y su persona de confianza, no se atrevieron a discrepar en nada, y la persona que buscaba trabajo (con un importante rol en la campaña de promoción), finalmente lo encontró, y dejó la empresa en un momento clave.

El resultado final fue que las ventas de este nuevo producto fueron en España un 40% menos de lo previsto (más de 1 millón de Euros de diferencia), y un 32% menos que la media del resto de países.

Un nuevo producto, perfectamente diseñado, y con buen nicho de mercado, obtuvo unos resultados de 1 Millón de Euros menos en ventas, por los problemas de gestión humana en el equipo que debía dirigir su entrada en el mercado. Esta situación se podría haber evitado.

A lo largo de los siguientes capítulos explicaremos, basándonos en ejemplos sencillos, las leyes inconscientes que regulan las organizaciones, cómo afectan, y cómo se pueden evitar innumerables situaciones indeseables. Asimismo, entraremos en las dinámicas psicológicas individuales más comunes en el mundo laboral, y cómo abordarlas. Finalmente, daremos una serie de recomendaciones sobre cómo liderar personas adecuadamente.

Sobre el inconsciente grupal en las organizaciones

¿Qué le ocurriría a un experimentado jugador de Póker, acostumbrado durante años a las leyes y sutilezas de este juego, que intentara jugar al Mus? De repente, las leyes son otras, son muchas más, y más complejas, y él lleva toda la vida acostumbrado a las del Póker.

Pues eso, a mayor escala y con muchísimas más consecuencias, es lo que le ocurre al ser humano hoy en día en general, y a las organizaciones en particular.

El ser humano (el *homo sapiens*) lleva aproximadamente unos 200.000 años habitando la Tierra. Desde siempre, se organizó en tribus, y a lo largo de miles de generaciones, las leyes que regulaban los grupos humanos (las primeras organizaciones) fueron claras.

Con la llegada de la sociedad civilizada, pongamos hace unos 4.000 años, de repente las leyes del juego cambiaron, y lo que antes estaba bien visto ahora no, y viceversa.

Sin embargo, el subconsciente humano tiene grabado, incorporado, lo que funcionó durante **el 98% del tiempo de existencia del Hombre en la Tierra**. Cuando ahora intentamos seguir otras leyes, otras normas del juego, el conflicto entre lo social y organizacionalmente correcto, y la tendencia innata acumulada a lo largo de miles de generaciones, está servido. Se crean cuellos de botella, bloqueos, conflictos, decepciones, e insatisfacción, tanto en lo humano como en los resultados de Gestión.

Si además se demostrase, como sugieren algunos científicos, que el *homo erectus* y otras especies precursoras al *homo sapiens*, ya tenían sistemas sociales similares al descrito, esas leyes antiguas podrían datar de hasta 2.000.000 de años, frente a los 4.000 del hombre moderno (hablaríamos del 99,8% del tiempo del Hombre en la Tierra).

Además, esta herencia de miles de generaciones nos aporta también el entendimiento visual (una imagen vale más que mil palabras), la emocionalidad, y la percepción. El lenguaje formal es algo muy nuevo en la evolución del hombre, es algo de hace "dos días" (entre 10.000 y 40.000 años, según los autores, frente a 200.000 ó 2.000.000 de evolución).

Sin embargo, hoy en día el lenguaje verbal e impreso rige la inmensa mayoría de nuestras vidas, y las emociones (principalmente la ira y la tristeza, pero también otras como la culpabilidad, el miedo, la alegría, ó el aprecio) quedan ocultas, tapadas, reprimidas.

Otro tanto de lo mismo ocurre con la percepción: en la tribu primigenia donde sólo existían pocos sonidos guturales y algún gesto, la capacidad de percibir era crucial para entender infinidad de situaciones: hasta qué punto el macho alfa está enfadado ó puede ser peligroso, si esta mujer está sexualmente receptiva, si algún comportamiento molesta al grupo…

Recientemente los neurólogos descubrieron lo que denominan las "neuronas espejo" en el cerebro humano[1], que explican nuestra asombrosa capacidad de percibir y obtener mucha más información de la que creemos tener. Estas neuronas están especializadas en captar la información no verbal durante una conversación, y extraer mucha más información bajo las palabras (de un colega, de un subordinado, de un jefe, de un cliente…). Imagine, querido Directivo, el potencial.

Esa herencia de interpretación y representación visual, de emocionalidad, y de percepción, son herramientas muy útiles, pero desaprovechadas en la vida actual, tanto personal como profesional. Un ejemplo sobre nuestra capacidad de percepción: *"un hombre llega a casa, entra por la puerta, la cierra suavemente, y antes de dar un paso percibe que su mujer, que está lejos, en el salón, está enfadada. No ha llegado aún al salón, no ha oído ningún ruido, pero percibe que está enfadada."* ¿Le suena?

---

[1] Iacoboni, M., "Mirroring People: The New Science of How We Connect with Others", Farrar, Straus & Giroux, New York, NY (2008); Iacoboni, M., Molnar-Szakacs, I., Gallese, V., Buccino, G., Mazziotta, J.C., Rizzolatti, G., "Grasping the intentions of others with one's own mirror neuron system", PLoS Biology, 3(3): e79 (2005); Rizzolatti G., Craighero L., The mirror-neuron system, Annual Review of Neuroscience. 2004;27:169-92; Fogassi et al, Parietal Lobe: From Action Organization to Intention Understanding, Science, 2005; Giacomo Rizzolatti et al. (1996). Premotor cortex and the recognition of motor actions, Cognitive Brain Research 3 131-141; V.S. Ramachandran. Mirror neurons and imitation learning as the driving force behind "the great leap forward" in human evolution.

A lo largo de los próximos capítulos, iremos viendo cada una de estas leyes "antiguas" (sistémicas), y cómo afectan al día a día de nuestra Gestión y nuestras organizaciones, apoyándonos en ejemplos y casos concretos.

La influencia de estas leyes, incorporadas a nivel subconsciente en nuestra manera de actuar, se ha demostrado a lo largo de miles de casos concretos en organizaciones a lo largo de los últimos diez años, y prácticamente siempre han revelado la verdadera causa oculta tras cualquier problema organizacional, así como su posible solución. Es pues, aunque muchas veces chocante con nuestra manera de entender la Gestión, un modelo contrastado.

Pero entremos ahora en materia entendiendo de dónde venimos, qué leyes nos regían, y qué leyes nos rigen ahora, para entender el conflicto interno, casi siempre inconsciente, que provoca los problemas en las organizaciones.

En la tribu primigenia toda persona tenía un lugar claro, un rol, y se sentía perteneciente a la tribu. Raras eran las veces que alguien abandonaba la tribu, ó se le expulsaba de la misma (ya que la expulsión, habida cuenta de las duras condiciones de supervivencia, equivalía casi siempre a la muerte).

Por otra parte, la jerarquía estaba clara, así como los mecanismos para progresar en ella. Lo que el individuo aportaba y recibía del grupo era claro y equilibrado, y mayores contribuciones eran reconocidas. La cultura de la tribu era uniforme, única, y rara vez se interactuaba mucho con tribus de otras culturas. También, la veteranía era reconocida.

En la siguiente tabla recogemos algunas diferencias importantes entre cómo actuábamos y cómo actuamos ahora.

En la tribu	En la actualidad
• La **jerarquía** dentro del grupo estaba muy bien definida, y resultaba impensable no respetarla (bajo riesgo de muerte por agresión, ó expulsión, que en aquel entonces equivalía a la muerte, dadas las duras condiciones de subsistencia) • Los supuestos y mecanismos para ascender en la jerarquía eran claros e inmutables	• La jerarquía no está a menudo bien definida en las organizaciones, y aunque lo esté, a menudo no se respeta. • Los mecanismos para ascender tampoco son claros ó imparciales en muchos casos.
• Se reconocía la **pertenencia** al grupo, y todo miembro tenía un lugar en él, bien definido. Probablemente se honrara a aquellos que estuvieron antes (ancestros), aunque esto es muy difícil de demostrar • Era traumático e infrecuente que se expulsara a un miembro de la tribu (ya que equivalía a la muerte)	• A menudo hay personas que no tienen un puesto claro en la organización (personas sin cargo), o se actúa como si no estuviesen (falta de comunicación, exclusiones, *mobbing*). A menudo no se recuerda a los fundadores ó personas clave de la historia de la organización • Es frecuente que se despida a las personas (ó no se renueve su contrato) y más frecuente aún es la baja voluntaria
• Lo que cada individuo aportaba al grupo (trabajo, colaboración, protección, masa crítica, reproducción), y lo que recibía de	• A menudo existen importantes desequilibrios entre lo que el individuo aporta y recibe de la

él (supervivencia, protección, socialización), estaba **equilibrado**	organización
• El que más aportaba al bien común era reconocido, y tenía una jerarquía superior al que aportaba menos	• La política retributiva no está necesariamente alineada con lo que cada persona ó departamento aporta a la organización, y hay departamentos tradicionalmente poco reconocidos que aportan mucho más de lo que parece.
• La cultura interna del grupo era única, y difícilmente se colaboraba estrechamente con tribus de otras culturas	• La cultura organizacional varía mucho entre organizaciones, incluso en las del mismo sector y área geográfica. Y se interactúa mucho con otras organizaciones, que a su vez tienen culturas distintas.
• La veteranía en la tribu era respetada	• Personas recién incorporadas a la organización tienen un nivel jerárquico superior a determinadas personas que llevan muchos años en la empresa, y a menudo interiormente no les respetan lo suficiente, ni les tienen en consideración
• Probablemente (aunque es difícil de demostrar), las comunicaciones eran directas y francas. No se conocía la mentira.	• La Gerencia a menudo oculta información a la plantilla, y no se es franco, transparente, con algunos empleados

-Ser Jefe-

Capítulo II: Mi jefe no se entera

En la tribu primigenia era muy improbable que alguien pensara si quiera en cuestionar una decisión del macho alfa. Se hacía lo que él ó ella dictaba, y sólo el Consejo de Sabios, si existía tal, juzgaba si había que corregir ó substituir al líder.

Claro que muy de vez en cuando alguien desafiaba al líder como tal, pero para obtener su puesto de liderazgo de la tribu, y el proceso era a menudo violento, y sólo podía desembocar en la renovación del liderazgo, ó en serio perjuicio del aspirante (daño físico importante, muerte, ó expulsión de la tribu…que solía terminar en muerte también, como comentamos antes).

Por tanto, una decisión cotidiana del líder no era cuestionada, ni pública ni internamente, y la tribu funcionaba. A su manera, pero funcionaba.

Sin embargo, hoy en día es muy común que muchas decisiones de un superior sean cuestionadas, públicamente, ó de manera subrepticia, por sus subordinados, dificultando así la Gestión y el buen funcionamiento del grupo. Claro que un superior jerárquico no es infalible, ni perfecto, pero ha de responder de su Gestión ante sus superiores, no ante sus subordinados. Sin embargo, los subordinados se permiten muy a menudo cuestionar y juzgar a su superior.

La ley sistémica de la jerarquía y el orden dice que para que una organización funcione ha de haber cierto orden, cierta jerarquía, y que cada miembro ejerza su nivel jerárquico. Hay escuelas de negocios que enseñan algo parecido, por lo que este concepto de jerarquía puede parecer obvio y superado para muchos, pero la realidad demuestra que una cosa es el concepto teórico, que casi cualquier persona puede aceptar, y otro cómo esa misma persona reacciona en el día a día. Por otro lado, otras Escuelas de Negocios defienden el modelo opuesto: horizontal, plano, de "puertas abiertas".

Es curioso observar cómo las estructuras totalmente planas tienen muchos más problemas de funcionamiento que las que tienen cierta jerarquía. Así, en algunas comunidades de vecinos, asociaciones y ONGs con jerarquía plana, la toma de decisiones es, por ejemplo, muy dificultosa. Incluso las cooperativas, filosóficamente más cercanas a la idea de igualdad de todos los miembros, con el tiempo han tenido que crear modelos jerárquicos de Gestión para poder crecer, ó incluso sobrevivir.

No es necesario entrar en consideraciones filosóficas sobre qué modelo de Gestión es mejor, ó si de esta o aquella ley sistémica es "correcta", justa, mejor ó peor que otros modelos. Simplemente es, como toda ley sistémica, lo que nos ha regido durante miles de generaciones. Y cuando, por consideraciones culturales, socio-políticas, ó "modernas" intentamos aplicar otro modelo, éste choca con el condicionamiento inconsciente, que en el caso de esta primera ley sistémica, dice que ha de haber jerarquía.

Así, ante una falta de jerarquía se crea descoordinación, susceptibilidades, luchas de poder ocultas, y la prevalencia a menudo de intereses personales. El líder designado por un ente superior para coordinar a determinado grupo tiene un mandato, que le viene de sus superiores, unos objetivos, que en teoría están alineados con el bien común de la organización, y un mecanismo de evaluación, que también le viene de arriba.

En contraste, está la organización plana, donde es difícil acordar y respetar responsabilidades; los objetivos no suelen estar claros; más frecuentemente que en el modelo jerárquico, los objetivos son los propios intereses del individuo; y finalmente la evaluación del desempeño ó no existe, ó es muy difícil de implementar.

En mi experiencia, la mayoría de problemas que he encontrado en organizaciones en teoría jerarquizadas se derivan de no respetar la jerarquía, de que ésta no exista, ó de su mala aplicación.

En cuanto al no respeto, lo más común es que el subordinado tenga un conflicto (casi siempre interno) con sus superiores, aunque también hay un grupo no deleznable de casos en los que el individuo se comporta como si tuviese más nivel jerárquico del que realmente tiene (atribuyéndose más competencias ó prebendas), ó lo opuesto: no ejerza realmente su papel como Directivo de determinado nivel.

En cuanto al primer caso, el más común, suele darse más en subordinados con alto criterio propio, y ciertas dotes de mando, que juzgan la situación en base a la información de la que disponen, y llegan a la conclusión de que la decisión de su superior no es acertada. Por tanto, entran en conflicto, interno ó externo, y emplean parte de su valiosa energía y capacidad mental en ese conflicto, en vez de emplearla en ejercer sus responsabilidades. Y esto no sólo es nocivo para la organización, ¡sino también para su propio bienestar y satisfacción profesional!

EJEMPLO 2. Había un Directivo medio de una gran empresa pública (cuasi funcionario) que cuestionaba de pleno la ley de la jerarquía. Decía que él tenía derecho a implementar o no las directrices recibidas desde arriba dependiendo de si él consideraba que eran correctas o no.

Sin embargo, cuando se le preguntó "¿si tú das una directriz a tus subordinados, basada en lo que recibes desde arriba y en lo que crees que es más adecuado en ese momento, qué te parecería que tus subordinados se sintieran con el derecho a implementarla ó no en función de su criterio?".

El Directivo se echó para atrás en la silla y dijo "No, por supuesto que no...pero no es lo mismo...".

Y es que lo que parece obvio en un contexto general, ya no resulta obvio para algunas personas cuando se habla de su contexto particular.

Caso 1

El cliente	Alta Dirección de un grupo industrial.
El tema planteado	En determinada empresa del grupo, de carácter cooperativo, el Gerente es cuestionado por un subordinado suyo, que además ocupa un alto cargo en el Consejo Rector (en cooperativas, algo así como el Consejo de Accionistas). El cliente quiere ver cómo abordar ese conflicto
Solución	Trabajando con el cliente éste pudo ver que el verdadero motivo radica por un lado en que el hecho de que el subordinado sea alto cargo del Consejo hace que éste se crea con la autoridad de cuestionar a su Gerente, y además tenga la intención de promover su expulsión para ocupar él el cargo. También descubre que el Gerente no se siente suficientemente apoyado/legitimado en su cargo, y es necesaria de la Alta Dirección del grupo (el cliente) le apoye y valide en su gestión.

En cuanto a la mala aplicación de la jerarquía, la mayoría de desórdenes, pérdida de eficiencia empresarial, y otros problemas de Gestión, suelen venir de la toma de decisiones emocionales, no enfocadas al beneficio de la organización, sino a los propios intereses y motivaciones del gestor, ó desde una emocionalidad no consciente.

Y estos casos no son, al contrario de lo que se pueda pensar, en absoluto aislados ni infrecuentes. Sólo que muchos gestores no son siquiera conscientes de la verdadera motivación interna tras muchas de sus decisiones.

Problemas habituales

No existe una jerarquía clara

En empresas muy pequeñas, así como en determinadas Asociaciones, ONGs, y similares tipos de organización, existe lo que se denomina jerarquía plana. Todos son iguales, y tienen la misma voz y voto. Ahí es difícil a menudo llegar a acuerdos, y sobretodo ante decisiones importantes, tanto tácticas como estratégicas.

Por otro lado, a menudo existe una cierta ambigüedad en cuanto a la división de roles y responsabilidades, que conlleva malentendidos, sentimiento de injusticia, y luchas internas.

Caso 2

El cliente	Centro de Formación a Directivos
El tema planteado	En determinado proyecto, que se ejecuta en colaboración con una Universidad, existen ciertos problemas con la Universidad, y el cliente quiere tener una visión más clara de lo que ocurre
Solución	Trabajando con el cliente éste pudo ver que su organización, pese a ser a la que la empresa cliente demanda las formaciones (que se ejecutan en colaboración —casi subcontratación parcial- con la Universidad) no está asumiendo el liderazgo de la gestión de los proyectos (el liderazgo no fue claramente definido).

> La Universidad está teniendo una actitud de mando, más alta de lo que sería lógico en un colaborador, casi subcontratista, y ahí está la raíz de los problemas. Ellos han de dejar claro el liderazgo del proyecto, y poner límites a la Universidad.

El subordinado no respeta la jerarquía

Por un lado existen personas con cierta tendencia al liderazgo que a menudo sobrepasan sus funciones (con mejor ó peor intención) y dicen a otros lo que han de hacer, ó se inmiscuyen en sus atribuciones con la intención "de ayudar".

EJEMPLO 3. La Sra. Rabós es una mujer encantadora: siempre preocupada por los demás, e intentando ayudar. Así, en cuanto ve a alguien apurado, se ofrece gustosa a realizar parte de sus tareas ("deja, ya te lo hago yo..."). Sólo que con el tiempo, se carga de tantas tareas, que llega a un alto nivel de estrés, y un día ha de cogerse la baja médica. La situación que se provoca en la organización, por todas las tareas que antes sólo ella sabía hacer, es algo caótica.

La Sra. Rabós aprendió de su madre que la manera en que la gente te querrá, te aceptará, es ayudándoles, y por eso lo hace. Pero todo exceso acaba pasándonos factura. En otra versión de este ejemplo, la Sra. Rabós observa cómo personas que trabajan y solucionan mucho menos que ella, son ascendidos, y la "madre protectora" se torna en la "madre ofendida", que da malas contestaciones a diestro y siniestro.

Otra distorsión, esta vez mucho más común, es la del empleado que simplemente considera que sus superiores hacen determinadas cosas (ó todas) mal, y se revela interiormente ante determinadas decisiones. Un ejemplo:

EJEMPLO 4. Un Directivo medio observa atónito, tras analizar determinados informes, cómo en su empresa hay situaciones que reflejan una clara mala Gestión: se está descuidando a determinado sector de clientes, se venden activos que serán necesarios en un futuro, se reparten más dividendos de lo que sería juicioso… Cada vez que habla de esto con sus superiores, le agradecen el interés, y le mandan de vuelta a su despacho.

El Directivo se frustra ante la mala Gestión de sus superiores, y está convencido de que su empresa la maneja un grupo de mentecatos sin formación empresarial. Su motivación llega a mínimos históricos, y piensa en buscarse otro trabajo. Sin embargo, justo cuando ya ha realizado un par de entrevistas de selección en otras empresas, se desvela la noticia de que la empresa va a ser comprada…y entonces lo entiende todo.

El superior jerárquico obviamente tiene acceso a más información, y tiene una visión más global. Así, decisiones que a menudo pueden no entenderse por parte de niveles inferiores, casi siempre tienen un por qué. E incluso a veces, podría ser que la decisión sea efectivamente errónea…pero el subordinado no es quién para discutirla. El que la tomó ya pasará cuentas con su superior algún día (y si es el dueño…éste puede hacer con su dinero lo que le plazca).

El lugar del subordinado es ejecutar con la máxima diligencia posible sus atribuciones, dentro de los parámetros que le vienen dados por la Dirección, y con el objetivo del bien de la organización y de sus subordinados, si los tiene (por este orden) como meta. A cambio, recibe una retribución.

Y ante una situación en la que el subordinado no puede por más que revelarse internamente contra sus superiores, ha de recordar que no está obligado a seguir en la organización. Posiblemente será más feliz en otra, que se adecue más a su manera de entender la Gestión.

Caso 3

El cliente	Empresa industrial de tamaño medio
El tema planteado	El director comercial se queja de la mala gestión del Gerente, y está pensando en irse de la empresa, como tantas veces ha tenido que hacer
Solución	Trabajando con el cliente éste pudo ver su tendencia a no respetar y juzgar a sus superiores, la insatisfacción que ello le provocaba, así como los cambios frecuentes de empleo. La solución es realizar un cambio de actitud, respetando que por muy mal gestor que sea su Gerente, no es a él a quien ha de reportar, y enfocarse más a sus objetivos como director comercial, y menos a lo que se decide arriba. Otra opción sería crear una empresa propia, donde no tenga que tolerar a un superior ineficiente…pero esa opción le causa temor, y el mero hecho de plantearla le ayuda a valorar la estabilidad que le da su actual empleo.

El superior no ejerce su jerarquía

En otras ocasiones, aunque son más difíciles de percibir por los compañeros, el superior no ejerce su jerarquía, ya sea no tomando decisiones, no atreviéndose a abordar situaciones perjudiciales para la organización, ó esperando que sus subordinados solventen los problemas.

Es, en efecto, más cómodo y menos desgastante no encarar a subordinados que no cumplen con sus obligaciones, no reprender actitudes incorrectas, ó no atajar desviaciones en la forma en que se está trabajando.

Los motivos para estos comportamientos pueden ser muy diversos: desde miedo a las reacciones de los subordinados (irascibles, conflictivos, enlaces sindicales...), hasta simple falta de compromiso con la organización (por conflictos propios con la misma, por no haber sido apoyado en el pasado, por estar buscando otro empleo ó pensando en la jubilación, por experiencias previas negativas en situaciones similares...), pasando por falta de la fuerza interior necesaria para liderar (como abordaremos en el siguiente punto).

Caso 4

El cliente	Empresa de asistencia médica empresarial privada (mutua)
El tema planteado	El Gerente no entiende el mal rendimiento de su plantilla

Solución	Trabajando con el cliente éste pudo ver su dificultad por marcar directrices claras y hacerlas cumplir, y el caos y falta de credibilidad como líder que ello conlleva.
	Un ejemplo extremo es que ni siquiera es capaz de poner fecha y hora para las reuniones de seguimiento (su actitud es la de consensuar incluso esto, cada subordinado pone peros a distintos días y horarios, y él no es capaz de tomar una decisión, por miedo al descontento de algunos).
	La solución pasa por fortalecer su posición como líder, reestablecer la confianza de sus subordinados (que no le respetaban realmente como jefe) y darle fuerza interior para tomar decisiones (tras consultar a la plantilla, pero tomarlas en base a su criterio).

Caso 5

El cliente	Propietaria de empresa de diseño de moda
El tema planteado	El cliente no entiende el mal rendimiento de su plantilla y su negocio
Solución	Trabajando con la cliente ésta pudo ver que no tiene suficiente implicación con su negocio (porque tiene otro proyecto personal), pero sin embargo no quiere poner un Gerente al mando (dificultad para delegar).
	Por eso "el barco está falto de rumbo".

La soledad del Directivo

Dirigir personas requiere la fuerza interior necesaria para tomar decisiones por el bien de la organización que a veces pueden resultar duras.

Así, afrontar un comportamiento inadecuado ó resultados pobres, de un subordinado, amonestar, imponer medidas disciplinarias, despedir, ó simplemente comunicar cambios ó decisiones que no serán recibidas gratamente por un subordinado, puede resultar difícil para algunos Directivos.

Para conseguir que estas acciones sean más fáciles de realizar, existen dos recomendaciones muy útiles:

1. **Tomar cualquier decisión con total imparcialidad, y siempre pensando en el beneficio de la organización.** Puede resultar obvio el mero enunciado, pero en muchos, muchos casos se incumple alguna de estas dos premisas (por implicación personal –en positivo ó en negativo- con algún subordinado, y por tener más en cuenta los propios intereses que los de la organización). Si se han cumplido estas dos premisas, no debería ser demasiado difícil realizar estas acciones.

2. **Ha de existir una distancia relacional entre el Directivo y el subordinado.** Distancia no equivale a

superioridad, ni autoritarismo, no relacionarse, o no escuchar a los subordinados.

Sin embargo, algunos Directivos, por carencias afectivas no reconocidas, se relacionan desde un espacio de "compadreo" con sus subordinados, tomándose demasiados vinos con ellos, contándoles sus problemas personales ó lo que se "cuece" en la Dirección…

EJEMPLO 5. El Sr. Ramírez cree en la cultura de puertas abiertas, que todos somos iguales, y le gusta comer e irse de vinos con su equipo. Tiene problemas con su mujer y muy pocos amigos con quien desahogarse.

Así que en muchas de esas salidas nocturnas relata a sus subordinados sus problemas con la mujer, sus dudas sobre algunas decisiones de la Dirección, y sus conflictos con otros Directivos.

Un día ha de comunicar una reestructuración en horarios que viene de arriba y que sabe no va a gustar a su equipo. La comunica, a su pesar, y se le nota en la manera de hablar que no acaba de estar convencido. A lo que uno de sus subordinados contesta: "¡Venga, Manolo! ¡Anda ya! ¿Qué te has fumado? …seguro que puedes convencer a los jefes de que eso que proponen es impensable. Tú diles que llegamos a la nueva hora, y ya está".

Si no hay distancia no hay respeto. Si hubiese habido una distancia (cordial, pero respetando cada uno su lugar), y sus subordinados le respetasen como líder (porque saben que les cuida, que es imparcial, y que si les ha comunicado ese cambio de horarios es porque no hay más alternativa), la respuesta en ese caso sería distinta.

Resulta curioso el concepto de organización plana, de puertas abiertas, y de "igualdad" entre mandos y subordinados que han propugnado algunos autores (y Escuelas de Negocios).

No hay que confundir la cordialidad, el escuchar a todos, con la igualdad. Por definición, un Directivo no es igual a su subordinado: ha de tomar decisiones por el bien común, y a veces éstas serán impopulares, pero ese es su rol, y para poder hacerlas respetar ha de haber distancia.

Y si el Directivo necesita charlar ó socializarse con alguien, Directivos del mismo nivel jerárquico, ó amigos fuera de la organización son las vías sanas. De hecho, antes que los sistémicos ya lo dijo el refranero popular Español: *"Amistad de hombres leales, sólo perdura entre iguales"*, y *"Amistad entre desiguales, poco dura y menos vale"*.

Caso 6

El cliente	Jefe de departamento en un Cuerpo de Seguridad del Estado
El tema planteado	Cree que es un buen líder, porque consensúa todo con sus subordinados, se mantiene a su mismo nivel, como uno más, y se preocupa mucho por ellos. Sin embargo, nota comportamientos extraños.
Solución	Trabajando con el cliente éste pudo ver que realmente la inmensa mayoría de sus subordinados no le respetan realmente como superior. Le ven como un igual, y eso hace que algunas de sus decisiones se cuestionen ó no se cumplan.

> La solución es retomar su credibilidad como superior, siendo estricto cuando hay que serlo, y creando una distancia entre él y sus subordinados.

Dirección al servicio o no de la organización

Sobre el papel, todo gestor con personas a su cargo toma decisiones por el bien de la organización, y anteponiendo siempre el bien de la organización a cualquier otra consideración… bueno, eso es sobre el papel.

En la realidad existe una proporción muy importante de directivos que anteponen, con mayor ó menor frecuencia, sus intereses y motivaciones personales a los de la organización.

Lo que más importa a ese Directivo es su carrera profesional, progresar a toda costa, "estar bien visto", beneficiarse de determinada manera de la organización, ó simplemente "vivir bien", evitando "quebraderos de cabeza" por reprender a una persona conflictiva, sindicalista, ó "con contactos", ó simplemente aplicando directrices impopulares, complejas, ó trabajosas.

Así, tenemos el perfil del "trepa", pero también del "cachazas" no comprometido con el bien de la organización, que evita cualquier decisión que le pueda conllevar "problemas" con alguien, ó simplemente demasiadas complicaciones.

También tenemos el perfil del "aprovechado" que antepone sus intereses personales a los de la organización.

EJEMPLO 6. El Sr. Gutiérrez, responsable máximo de una División dentro de un gran Grupo Empresarial, tiene cierto importante Bono en caso de llegar a cierto nivel de facturación en su División.

Se plantea cómo conseguirlo, ya que la progresión de facturación este año, aunque va en aumento, no va a llegar ni de lejos a ese nivel. Así que decide absorber (comprar) determinada empresa, para conseguir que la facturación de ésta, consolidada a la de su División, sobrepase el objetivo establecido en el Bono, sin preocuparle cualquier otra consideración, aunque es muy consciente del estado de esa empresa.

Él recibe su nada deleznable Bono económico, y la felicitación de sus superiores…pero pocos años más tarde sus superiores se dan cuenta de que esa empresa absorvida era y sigue siendo poco rentable, tiene una pesada estructura, no está alineada con los intereses estratégicos del Grupo, y supone un lastre para la División y el Grupo.

Y todos estos ejemplos que pueden resultar extremos, ó clichés, para algunos, son mucho más frecuentes de lo que la mayoría reconoce. Además, existen miles y miles de directivos, tan sólo en España, que sin llegar al nivel de esos ejemplos, toman a menudo decisiones (consciente ó inconscientemente) más orientadas a su bienestar personal que a la consecución de los objetivos de la organización y/o del grupo a su cargo.

A menudo esos comportamientos son tan inherentes en la persona, tan "de siempre", que ésta no es siquiera consciente de que está tomando la decisión que más le conviene a él, pero no la que más convendría a la organización: hacer determinadas promesas, ascender ó incorporar a determinadas personas por un criterio nada imparcial, relegar, "quemar", ó despedir a otras, en base a criterios igualmente emocionales...y tantos otros casos.

...y la gente lo nota. La gente sabe qué tipo de directivo tienen, y obviamente se producen reacciones, comportamientos más o menos tapados, ante ese estilo de dirección.

Quien dirige más pensando en su propio bienestar que en el bienestar común, el de su organización, no puede ser respetado por sus subordinados. Tendrá el liderazgo formal, legal, pero habrá perdido la autoridad para dirigir. Y las consecuencias son diversas y con distintos grados de intensidad, dependiendo de la gravedad de la decisión tomada más en beneficio propio que en el de la organización.

Un factor que a veces influye también en la motivación de las decisiones tomadas es que, cuando los objetivos de la organización no están suficientemente claros, el directivo sí cree hacer lo mejor para ésta, cuando en realidad está tomando decisiones basadas en suposiciones erróneas.

EJEMPLO 7. El Sr. Vázquez, como responsable comercial de una recién creada spin-off industrial, se afana en conseguir nuevos contratos para el nuevo producto estrella que acaban de desarrollar.

La promesa de las novedosas cualidades diferenciadoras del producto, y las dotes comerciales del Sr. Vázquez y su equipo, hacen que consigan en sólo un mes pedidos por valor del doble de su objetivo anual de ventas.

Sin embargo, el plan de desarrollo de la spin-off, que tenía en mente y aplicó el Gerente, no estaba preparado para esa magnitud de pedidos. Éste no se atrevió a cancelar esos pedidos y realizó todos los ajustes necesarios para intentar entregar en plazo.

Finalmente, la insatisfacción por la mala calidad de algunas unidades recibidas, unida a las tensiones creadas en muchos clientes por la demora en la entrega, conllevaron un posicionamiento nefasto de la imagen de marca de la recién creada empresa, que la llevó en última instancia al cierre.

EJEMPLO 8. El nuevo responsable de área en cierto organismo público es conocido por su eficiencia, y por la calidad de servicio al ciudadano que tuvo en el departamento que anteriormente dirigía en otra región.

Sin embargo, tras cierto tiempo de andadura en la nueva región, comienzan a surgir tensiones entre él y su superior. Resultó que en este organismo público simplemente la calidad del servicio al ciudadano no es lo prioritario… ¡pero su superior nunca se lo dijo!

El puenteo

El puenteo, aunque conocido desde siempre, es mucho más habitual de lo que pudiera parecer, sobretodo en situaciones aparentemente "no graves", "inocentes", pero que repercuten de manera muy importante en el funcionamiento de una organización.

Pongamos que un empleado, nivel 6 en la escala jerárquica (1 sería la máxima autoridad), acude al jefe de su jefe, nivel 4, con un problema, y éste le recibe y le escucha. Este jefe acaba de permitir y ser cómplice de un puenteo del jefe de esa persona, y subordinado suyo (nivel 5).

Aunque el jefe de nivel 4 no dé una respuesta a las demandas del empleado, éste pensará que cualquier decisión tomada sobre este tema, aunque la tome el nivel 5, será gracias a la influencia de la conversación tenida con el nivel 4. Y en el futuro volverá a acudir al nivel 4 ante otros problemas.

Por un lado, automáticamente el jefe de nivel 5 acaba de perder autoridad frente a su subordinado, y por otro, el jefe de nivel 4 acaba de cargarse con más responsabilidades de las que le pertocan. En el futuro, no sólo éste empleado, sino sus colegas, le irán a él con sus problemas (al menos aquellos a los que la respuesta del jefe de nivel 5 no les convenza), cuando una de las labores del jefe de nivel 5 es exactamente la de gestionar esos temas.

Lo correcto en este ejemplo hubiera sido que ante la petición para exponer un problema ó quejas del empleado nivel 6 ante el superior nivel 4, el superior le dijera que "esto mejor lo tratas con tu jefe, que para eso está". Si después él quiere, en privado, comentar con ese jefe nivel 5 el tema, eso ya no es nocivo.

De esta manera refuerza la autoridad del nivel 5, y no permite el puenteo.

El puenteo no sólo puede surgir desde un nivel jerárquico inferior, sino también desde uno superior. Pongamos que el mismo jefe del ejemplo observa que determinado empleado de nivel 6 llega tarde al trabajo durante varios días seguidos. Si llama a capítulo al empleado, y le da una reprimenda, acaba de desautorizar un poco al jefe de este empleado (nivel 5). ¿A quién le tendrá más "miedo" ó "respeto" este empleado en el futuro? ¿A su jefe, ó al jefe de éste?

Lo correcto en este caso hubiese sido que al observar este comportamiento supuestamente irregular, lo comentara con su subordinado, y jefe del empleado en cuestión. Quizás existe un motivo justificado para esos retrasos, que es conocido y aceptado por el jefe nivel 5. Incluso aunque los retrasos no sean justificados, compete al nivel 5 tener esa conversación con el empleado, y no al nivel 4.

Lo más grave aquí es el restar credibilidad, porque afectará a otras decisiones que el jefe nivel 5 intente implementar, y que serán recibidas con poca credibilidad por sus subordinados, hasta que sea el nivel 4 el que las transmita.

Si uno observa que su superior está permitiendo un puenteo, lo mejor sería tener una charla con él. Explicándole que con ese comportamiento, aunque parezca inocente y normal, realmente le está restando credibilidad, amén de cargarse con más problemas en el futuro (el empleado y sus colegas, que acudirán a él con sus problemas, en vez de a quien deberían). El tema es que 4 está tomando atribuciones que le competen al nivel 5 (la frase al superior sería algo así como *"tú me pusiste aquí para encargarme de estos temas"*).

Si el puenteo se genera desde arriba, una tranquila charla sobre lo sucedido, y sobretodo sobre las consecuencias, resulta lo más adecuado: *"Mire, Sr. García, seguro que para Ud. no es nada importante haber escuchado a Peláez, pero fíjese que Ud. me puso aquí para ocuparme de estas cosas. Si cada vez que hay un problema Ud. permite que le vengan con el cuento, en vez de a mí, los empleados me van a dejar de respetar…y además entonces yo no le sirvo de mucho, porque va a tener que escuchar muchos problemas (los compañeros de Peláez vendrán pronto también a contarle sus penas)".*

Caso 7

El cliente	Una de las dos empresas de una UTE (unión temporal de empresas, creada para la ejecución de un gran proyecto público)
El tema planteado	Existen conflictos constantes con la otra empresa de la UTE, y el proyecto, que ya va muy retrasado, tiene un

alto riesgo de penalizaciones económicas por parte del Gobierno cliente.

Solución	Trabajando con el cliente éste pudo ver que la otra empresa, que es Iraní, no se fía de la empresa local, ni del Gerente designado por ambas empresas para el proyecto. Y por eso su delegado se inmiscuye constantemente en la gestión de la UTE, obviando a veces al Gerente, y presionándole en otras. La empresa local tampoco se fía de la Iraní. La solución en este caso (donde otras opciones no fueron posibles) es ó bien poner un nuevo Gerente, designado por la empresa Iraní, y dejarle que trabaje, ó bien replantearse seriamente junto con la empresa Iraní si van a seguir la UTE ó no, y en qué condiciones.

La cadena de mando no es sencilla

A veces la cadena de mando no es sencilla, y los distintos intereses de dos áreas a las que se reporta, ó dos funciones que se asumen por el directivo, crean conflictos.

Por ejemplo, muchas grandes organizaciones tienen una estructura horizontal de *reporting* superpuesta a la estructura vertical de mando en la División. Así, determinado Directivo reporta a su superior en la División, pero también a, pongamos, el responsable central de Recursos Humanos, Ventas, ó Calidad. El responsable de área central demandará ciertos objetivos al Directivo, pero su superior en la División demandará otros.

No es necesario que ambos objetivos sean excluyentes para que existan tensiones, porque aun siendo ambos útiles y beneficiosos para la organización en su conjunto, en el día a día el tiempo y los recursos son finitos. Y simplemente el Directivo no puede prestar la misma importancia a la consecución de ambos objetivos.

Otras veces, incluso los valores, y la forma de medir y valorar progresos son muy distintos entre esas dos unidades superiores. Si no hay un ente superior que transmite las prioridades, y engrana muy bien la compatibilización de ambos objetivos, culturas, ó maneras de actuar, el conflicto está servido.

Por otra parte, en determinadas organizaciones una misma persona ocupa, en según qué momentos, dos roles con atribuciones diametralmente opuestas. Así, en una cooperativa, un empleado de la línea de producción puede estar en el Consejo Rector, e incluso ocupar un puesto de responsabilidad en ese Consejo. ¿Y qué pasará cuando determinado Directivo tenga que llamar al orden a un subordinado que además está en una posición muy alta del Consejo, y puede incluso determinar que a ese Directivo se le ascienda, se le traslade ó se le despida?

Otro ejemplo son algunos organismos públicos, Asociaciones u ONGs. Pongamos las Escuelas, donde un simple profesor está también en el Consejo Escolar, y ha de tomar decisiones que afectarán a personas verticalmente por encima de él (Jefe de Estudios, Director del Centro). ¿Y qué pasará cuando este profesor tenga que votar en decisiones que afectarán a, por ejemplo, la continuidad del Jefe de Estudios ó el Director? ¿Cómo serán las relaciones diarias entre éstos y el profesor? ¿Tomará siempre la decisión que sea mejor para el bien de la organización, ó se verá influenciado por otros aspectos?

Políticas de promoción

En la tribu, se ascendía por aportaciones significativas a la organización (realizar un acto significativo en la protección de la tribu, en determinada cacería, ó una clara mejora en las cualidades como cazador, hechicero, sanador, etc.).

Sin embargo hoy en día ya no es necesariamente así. Se

contrata a personas de fuera de la organización que directamente ocupan un puesto de responsabilidad (y aún no han aportado nada ó demostrado su valía en la organización). Ó se promociona a personas con criterios no muy claros, ó simplemente partidistas (porque le cae bien al Directivo en cuestión, porque es el hijo del amigo del Gerente, porque tiene determinada orientación política afín a la dirección del organismo público...).

A veces en el primer caso, y más frecuentemente en el segundo, el inconsciente colectivo del resto de empleados acusa esa "injusticia". Algo en su interior se revela, y esta rebeldía puede expresarse consciente ó inconscientemente.

El caso de contratar a alguien externo para un puesto, en vez de usar la promoción interna, no tiene por qué ser necesariamente nocivo ó provocar ese sentimiento de "injusticia", pero a menudo sí lo provoca. Dependerá de la motivación para hacerlo y sobretodo de la actitud interna del recién contratado. Veremos más en detalle esta situación en el Capítulo VI.

En cualquier caso, e independientemente de que el recién incorporado tenga la actitud de humildad correcta, aun así, si los criterios de promoción no son claros, imparciales, y basados en lo que la persona ha aportado ó es capaz de aportar de manera demostrada a la organización, es probable que un sector de los subordinados, y especialmente los no promocionados, creen tensiones -ya sea de manera consciente ó inconsciente-.

Las empresas familiares

De todos es conocido el peligro de mezclar amistad y negocios. Pues bien, igual de peligroso puede ser mezclar familia y negocios: las empresas familiares suelen ser las que tienen mayor número de problemas sistémicos, y de naturaleza más complicada de solventar.

Y es que se unen a las dinámicas y distorsiones propias de cualquier empresa, las dinámicas y tensiones familiares (que se salen del enfoque de este libro, y por ser tan complejas, sutiles y afectar tanto nuestras vidas como individuos, merecen un libro específico).

La mayoría de problemas graves en estas empresas suelen derivarse de que los dueños y Directivos que pertenecen a la familia propietaria no consiguen disociar su rol de empleado y su rol de miembro de familia. Así, pongamos que en una empresa familiar el hijo menor tiene un puesto jerárquicamente superior al del hijo mayor: casi siempre habrán tensiones, más o menos evidentes.

La solución casi siempre es la misma (aunque es emocionalmente muy difícil de implementar): que el miembro de la familia que trabaja en la organización acepte que cuando están en la empresa su nivel jerárquico es "x" y acepta por tanto con gusto las directrices de su hermano pequeño, y cuando están en casa él es el hermano mayor, por lo que el pequeño le debe cierto respeto.

Caso 8

El cliente	Empresa familiar de tamaño mediano-pequeño
El tema planteado	Existen conflictos constantes entre las hermanas mayores, que ocupan un cargo jerárquico inferior, con la hermana pequeña, que es la Gerente.
Solución	Trabajando con el cliente éste pudo ver que la raíz está en mezclar lo personal-familiar con lo profesional. Las hermanas tratan a la Gerente como hermana pequeña, y esa situación crea envidias, susceptibilidades, y tensiones, que les restan energía para su labor diaria, y les causa malestar personal. También experimentaron cómo se sentirían las hermanas mayores si fuesen capaces de aceptar el liderazgo de su Gerente (hermana pequeña), y cómo eso afectaría positivamente al resultado de su trabajo y su organización.

Si es un hijo quien tiene en la empresa un nivel jerárquico superior al padre fundador, la situación y/o la empresa en la mayoría de los casos está abocada al fracaso.

Caso 9

El cliente	Gerente de una gran empresa familiar de producción, tratamiento y distribución de productos agrícolas
El tema planteado	Los resultados de la empresa van mal en los últimos dos años, desde poco después que él asumiera el control. Además, existen conflictos constantes entre el Gerente y sus dos hermanos, subordinados a él en la organización.
Solución	El Gerente, hijo al que nunca habían permitido entrar

como Directivo en la empresa -del padre-, fue comprando acciones hasta conseguir el 51% y entonces tomó por la fuerza la Gerencia de la empresa, restando el poder real a su padre.

Trabajando con el cliente éste pudo descubrir por sí mismo cómo conseguir que tanto los resultados mejoraran, como que sus hermanos dejaran de ser conflictivos: dejando la Gerencia, que había tomado más por motivos emocionales y de venganza. Quedándose así sólo como socio mayoritario, y disfrutando de los beneficios que el nuevo Gerente (el que había antes: su padre) haría conseguir a la empresa.

Además, finalmente confesó estar cansado de tantas tensiones familiares, y de batallar tanto por conseguir resultados, que no era capaz de conseguir, y vio que sería más feliz comenzando otro proyecto nuevo, fuera del entorno de esa empresa.

Comentarios	Ante una violación sistémica tan grave como la que realizó este Gerente, es prácticamente imposible que la empresa funcione con él al mando. Esto no se le dijo al cliente: simplemente le hicimos descubrir y experimentar por sí mismo cómo irían las cosas en una situación y en otra (es una manera menos confrontativa de conseguir lo mejor para el cliente)

Otro gran tema en empresas familiares es el relevo generacional: a quién dejar el mando cuando el fundador se retira, ó cuando los herederos en generaciones posteriores se retiran de la gestión diaria de la empresa.

En el primero de los casos, si no se ha tomado una decisión con antelación, y la muerte es imprevista ó rápida, se crea además el problema de que emocionalmente la familia no está en condiciones de tomar una decisión neutral, por lo que no debería tomarla hasta pasado un tiempo.

La mejor opción en cuanto a quién debería tomar el mando dependerá obviamente de muchos factores, incluyendo la historia de la organización, los valores fundacionales, y la actitud del candidato a sucesor (pertenezca a la familia ó no). No obstante, mi recomendación sería que el que tenga que tomar la decisión piense: "*¿quién sería mejor para la supervivencia o crecimiento de mi organización?*", independientemente de condicionamientos emocionales sobre los posibles candidatos ó las repercusiones humanas de elegir a uno ú otro.

Caso 10

El cliente	Gerente de empresa familiar de tamaño medio, en México.
El tema planteado	Desde que el Gobierno les retiró la concesión de determinada explotación, llevan años litigando contra el mismo, y en un estado interno de caos y frustración.
Solución	Trabajando con el cliente éste pudo ver y entender que un Gobierno tiene jerárquicamente todo el derecho a conceder ó revocar una concesión, independientemente de que ellos hubiesen tenido la concesión desde muchísimos años atrás.
	La familia se había metido, desde la emocionalidad, en un largo y costoso litigio que no estaba prosperando, y perdiendo una valiosa energía para comenzar un proyecto nuevo que les garantizara el futuro.
	Es como montar una pataleta porque te han cerrado una puerta, "tu" puerta, no ver que hay muchas más, y desgastarte dando golpes a la puerta cerrada.

Los sindicatos

Los sindicatos se crearon originariamente por un fin muy noble: defender los derechos de los trabajadores, en un momento en que éstos eran muy mal tratados por los empresarios. Así, consiguieron grandes ventajas sociales, y mejoraron enormemente la calidad de vida y la defensa de los derechos de todos los trabajadores. Y eso es de reconocer y honrar.

Sin embargo, hoy en día la realidad es muy distinta. A menudo en las negociaciones entre sindicatos y empresas, tristemente muchos líderes sindicales están más motivados por intereses partidistas ó incluso personales, que en realmente defender los intereses del trabajador.

Es interesante fijarse en la tipología de muchos sindicalistas: ¿por qué determinadas personas deciden hacerse enlace sindical? Porque de esa manera consiguen, por medios sistémicamente irregulares, tener el "respeto" que no conseguirían por sus propios medios, y poder sentarse a hablar de igual a igual (de "poder" a "poder") con el Presidente de la empresa: algo que en su calidad de subordinados de nivel x jamás podrían hacer.

Claro que cualquier sindicalista dirá que su motivación es altruista, y en defensa de los trabajadores, e incluso la mayoría así lo pensará. Pero si se parara un momento a reflexionar honestamente y tomar nota de lo agradable de la sensación de poder cuando uno tiene *"cogido por los ..."* a la Dirección, ó el "respeto" que le causa a sus superiores, y lo bien que vive, por ser enlace sindical (persona "intocable", a la que no se puede despedir, trasladar, ó amonestar, aunque no esté cumpliendo con sus obligaciones contractuales como empleado), muchos se darían cuenta de la verdadera motivación que les mantiene como sindicalistas.

Ello no quita para que efectivamente haya un cierto porcentaje de sindicalistas que realmente desarrollan su trabajo por verdaderas motivaciones altruistas y nobles… pero son los menos.

Y la consecuencia de que muchos sindicalistas no antepongan realmente los intereses (a corto y largo plazo) de los empleados, a los suyos propios, es el clima de tensión que hay con la Dirección de la organización, que sabe que cualquier cambio que afecte a los trabajadores, aunque sea para el bien común y respetando los derechos de los trabajadores (por ejemplo, asegurar la supervivencia de la organización), le va a costar un peaje con el sindicato.

Así, existe realmente miedo en muchos Directivos (ellos lo llamarían "aprensión") ante cualquier cambio ó decisión de gestión que pueda ser mal vista por los sindicatos, y un posible despido totalmente justificado, puede conllevar sinsabores y quebraderos de cabeza que hacen que el Directivo no se atreva a realizar ese despido.

En definitiva, en muchas organizaciones los sindicatos tienen demasiado poder, más allá de su misión histórica, porque los derechos de los trabajadores afortunadamente ya son muy respetados hoy en día, y gracias a la labor que en su día hicieron los sindicatos, los trabajadores disfrutamos de una calidad de vida muy digna.

Pero todo tiene límites, y exigir por exigir, sin tener en cuenta la sostenibilidad de la organización, el verdadero bien común, puede llegar a ser un cáncer en muchas organizaciones.

Caso 11

El cliente	Jefe geográfico de RRHH (Recursos Humanos) en determinada Línea Aérea
El tema planteado	Hay una huelga en puertas, y el cliente quiere ver cómo gestionar mejor esa situación
Solución	Trabajando con el cliente éste pudo ver que aunque sobre el papel él no estaba a favor de la huelga, inconscientemente la había alimentado, como venganza contra el Jefe central de RRHH, por determinados hechos. Asimismo, pudo descubrir que a pesar del discurso de los Sindicatos, éstos no promovían la huelga tanto en interés de los empleados, como en el suyo propio. La conclusión es que mil familias de los empleados con menor salario iban a sufrir las consecuencias, y probablemente ya era tarde para remediarlo, aunque no para evitar que la situación se repita.

Capítulo III: El conflictivo

El Sr. García, un jefe de departamento en el área de I+D de una gran empresa, parece crear siempre muchos problemas, especialmente cuando ha de interactuar con Marketing (para la definición y desarrollo de nuevos productos).

Su palabra favorita es "NO", su carácter, al menos al relacionarse con Marketing, es muy irascible, las reuniones son interminables... Casualmente, su comportamiento es similar a otro miembro de I+D que ya fue despedido por ello hace tiempo y, en menor medida, a la tendencia en otros miembros de ese departamento.

Desde la Gestión tradicional la solución más sencilla sería llamarle al orden y en última instancia despedirlo, aun perdiendo su reconocida gran capacidad técnica y de trabajo. Pero vamos a contar una historia:

Años atrás, esa empresa fue fundada por una persona que tenía el capital, el conocimiento comercial, el acceso a los medios de distribución y clientela, etc., junto con una persona de perfil técnico que tenía una novedosa idea de producto.

Una vez el producto fue un éxito y la empresa comenzó a despuntar, el socio no técnico se las arregló, de manera aparentemente turbia, para deshacerse del socio técnico y quedarse con la empresa. ¿Cómo se sintieron el resto de los componentes de ese primer equipo de I+D al ver que se deshacían de su jefe? ¿Cuál es el mensaje transmitido en ese departamento, de manera consciente ó inconsciente? Que *"los de Marketing no son de fiar"*.

A nivel inconsciente, muchos miembros de I+D sienten la injusticia cometida con su fundador, y desarrollan, en mayor ó menor medida, reticencias, enfado, y mal clima laboral con sus compañeros de Marketing. El jefe de este caso no es más que un exponente de algo más profundo.

A veces, ni siquiera hace falta que se haya cometido una injusticia. A menudo, simplemente las personas que quedan creen que fue injusto, y la realidad puede ser que el socio fundador aceptara gustoso el precio de compra de sus acciones. Pero lo importante es lo que haya percibido la plantilla.

¿De qué serviría pues despedir a este jefe en cuestión? Probablemente agravaría más el problema. ¿Y cual sería la solución en este caso? Pues obviamente dependerá de muchos factores. Así, la reparación de una exclusión injusta suele ser la mejor solución, reconociendo públicamente el error, y si esto no es posible, a menudo hacer simplemente un reconocimiento público sentido (real) sobre lo que aportó la persona que se excluyó del pasado, crea relajación en la tensión actual.

Una de las leyes "antiguas" que comentábamos en el capítulo anterior, y que llamaremos ya por su nombre real de leyes sistémicas (la Ley de Pertenencia, concretamente), dice que todo miembro actual ó histórico de una organización merece ser reconocido como perteneciente a la misma, y recordado con respeto. En especial, aquellos que tuvieron una contribución significativa en la creación, desarrollo ó supervivencia de la organización.

Asimismo, su partida de la organización ha de ser limpia, ó de lo contrario los que quedan (incluso muchos años más tarde, y aunque no hayan conocido físicamente a la persona en cuestión) tendrán comportamientos no deseables. Y explico esto con una anécdota:

Una amiga mía, estando en la India, vio que en un exitoso restaurante tenían colgada en la pared, tras la caja registradora, una foto del fundador, que ya murió. Interesada, le comentó al dueño: - *Ese señor debió ser una persona muy querida, para que tengáis ahí su foto. A lo que éste respondió: - ¡Qué va! ¡Era un cabrón! …pero gracias a él ahora comemos nosotros y nuestras familias, y eso hay que honrarlo.*

Pues eso mismo es lo que sienten los empleados de cualquier organización, de manera inconsciente por supuesto, hacia los fundadores y otras personas que contribuyeron especialmente al crecimiento ó supervivencia de la organización. Y si la actual Dirección actúa de manera irrespetuosa hacia esas personas, ó simplemente hace como que nunca existieron, ello afectará, en mayor ó menor medida, dependiendo de cada persona, a toda la organización.

Muchos Bancos y bufetes de abogados, en especial en países como Reino Unido y USA, tienen en sus "plantas nobles" retratos de los fundadores y sucesivos Directores/dueños de la organización. Parece un acto estético y superficial, pero la realidad es que es algo beneficioso para el inconsciente grupal de los miembros de la organización.

Un ejemplo más común de lo no recomendable es aquel en que la nueva Dirección de una organización transmite (directa ó indirectamente) el mensaje de que los anteriores hicieron las cosas mal. Y no hablamos de necesariamente las palabras que pronuncien, sino de actitudes que se perciben.

Es común en algunas escuelas de oratoria y de negocios en USA que se enseñe a decir siempre unas palabras de reconocimiento al antecesor, al ocupar algún puesto ó cargo importante. Sin embargo, la realidad va más allá: no se trata sólo de decirlo, sino de creérselo, porque todo el mundo es capaz de notar, consciente ó inconscientemente, la verdadera actitud de sus líderes.

Una situación similar también ocurre con algunas spin-off u organizaciones creadas por otras, que actúan como si no debieran nada a nadie.

También, la particularización a lo local de esta situación es la del Directivo que actúa como si su antecesor hubiese hecho todo mal. Y eso no es cierto: casi siempre, el antecesor hizo lo que buenamente pudo, ó creyó que era mejor. Incluso si está demostrado que fue un mal gestor, por muy incompetente que fuera, seguro que hizo algo bueno y se granjeó algún respeto ó aprecio, por pequeño que fuese, en algún miembro de la organización.

Caso 12

El cliente	Gerente de empresa industrial de tamaño mediano.
El tema planteado	La empresa está perdiendo competitividad y resultados. El Gerente quiere contratar a Directivos de nivel 2 más cualificados, porque entiende que el problema está en una falta de experiencia y conocimientos en los directivos medios actuales, causadas por tener un techo muy bajo salarial para el perfil directivo nivel 2. Sin embargo, el Consejo no lo permite, y el Gerente busca qué otras alternativas habría ó cómo convencer al Consejo para hacer una excepción. La política de la empresa, desde siempre, es que el mayor nivel retributivo sólo puede ser, como máximo, el triple del menor (ratio de 1 a 3).
Solución	Trabajando con el cliente éste pudo ver que el verdadero motivo por el que el Consejo se niega a esto es que el ratio de 1 a 3 fue instaurado por los fundadores de la empresa, y se respeta tanto a los mismos, que la mera idea de transgredir ese ratio, aun de manera excepcional, les parece impensable. La solución pasa por cambiar definitivamente ese ratio, y es que para todo fundador prevalece la supervivencia y continuidad de la empresa, a cualquier medida táctica que se tomara en su día, y que tantos años más tarde es lógico que haya que revisar.

	Afortunadamente queda un fundador con vida, y apoyándose en él, el Gerente podrá convencer al Consejo.
Comentarios	Además de lo dicho, y aunque el Gerente no es consciente de ello, su actitud no es del todo respetuosa hacia los fundadores, ni hacia el Consejo, amén de gestionar este asunto desde una actitud un tanto agresiva. Por tanto, (aunque no se le confronta con estos hechos) también se trabaja con él indirectamente para que gestione esta situación, tanto con el fundador vivo como con el Consejo, desde una actitud que pueda ser bien recibida por los mismos.

La ley de pertenencia tiene además dos ramificaciones importantes: el tema de los despidos, y la necesidad de sentirse ocupando un lugar en la organización. Veamos ambas.

El despido

En la tribu primigenia era muy poco habitual que alguien fuese expulsado. Echar a alguien de la tribu equivalía, muy a menudo, a la muerte, ya que una persona sola era incapaz de sobrevivir ante las duras condiciones climáticas (durante miles de años la Tierra estuvo en periodos de glaciación, ó pre/post glaciación) y era difícil además que un individuo pudiese cazar solo.

Por tanto, cuando alguien era expulsado, el miedo y la carga emocional era importante. Por eso, hoy en día muchas personas viven un despido ó simplemente el miedo a que ello ocurra, de una manera muy dramática.

Sobre el papel, ser despedido no es tan grave, ya que antes ó después encontraremos otro empleo, más o menos remunerado y/o agradable, y hasta entonces disfrutaremos de las coberturas sociales necesarias para asegurar nuestra subsistencia durante tiempo. Sin embargo, el sentimiento interior inconsciente es el de estar en peligro, amén del de sentirse rechazado en lo personal por del grupo (que te ha expulsado).

Muchas son las personas que viven el propio despido como algo muy dramático, a veces con lágrimas, a veces con largos periodos de decaimiento, ó sufren una crisis personal. Mucho de ello viene de esos dos factores ancestrales: el miedo a "morir de hambre" y el sentirse no apreciado.

Sin embargo, lo que más debería preocuparnos no es lo que le ocurre al despedido, sino a los que quedan en la organización. Éstos viven el despido de un compañero como algo grave (a veces a nivel consciente, y siempre también a nivel inconsciente), así que si el despido se debe a razones turbias, se realiza por una persona que no tiene el poder moral para despedir, y/o se realiza de manera inadecuada, el resto de la organización acusará las consecuencias.

Además, hemos de tener en cuenta que un traslado equivale a menudo, a nivel de impacto en el grupo que queda, a un despido, sólo que sus consecuencias son normalmente menores.

Las consecuencias de un despido pueden ser diversas. Desde una pérdida de confianza en el Directivo que lo realizó, pasando por la creación de un clima laboral de desconfianza, una descohesión, falta de comunicación ó la falta de motivación en el equipo, hasta llegar a un sabotaje inconsciente. Dependerá sobretodo del nivel jerárquico del despedido y de su antigüedad en la empresa, así como también de cómo y por qué se le despidió. Un nivel alto en cualquiera de estos dos factores aumenta las probabilidades de consecuencias en el equipo.

El caso extremo es el sabotaje inconsciente, donde los que quedan acusan la supuesta injusticia de que hayan despedido a su colega, y "hacen piña" contra el jefe que le despidió.

E insisto que esto casi siempre es inconsciente, pero "casualmente" la motivación baja, el absentismo laboral sube (navegar por Internet, telefonear a amigos de fuera de la empresa, ó hacerse un asiduo de la máquina de café también son maneras de absentismo laboral), la información clave para el buen fin de un proyecto ó tarea no aparece, se cometen errores ó accidentes que hacen perder horas de trabajo…

Y resulta curiosa la práctica habitual en algunas empresas de encomendar al Directivo recién contratado precisamente que realice "ajustes de plantilla", "reestructuraciones", ó hablando más directamente, despida a quinientos empleados.

Si lo hace, esa persona no podrá progresar en la organización de manera estable, y a menudo no durará mucho en la misma. Tiene que ver con la autoridad moral sistémica para despedir, que veremos en el siguiente apartado.

Todo esto no significa, obviamente, que no se pueda despedir ó trasladar a determinadas personas en una organización. Pero antes de hacerlo, deberemos asegurarnos de que los motivos para tal despido son sistémicamente correctos, que la persona que lo ejecuta tiene la autoridad moral para hacerlo, y que se lleva a cabo de la manera correcta.

Caso 13

El cliente	Consejo de dirección de gran empresa de detergentes
El tema planteado	El Jefe de Ventas tiene últimamente actitudes muy perjudiciales para la empresa. Sin embargo, él es el interlocutor con la mayoría de grandes clientes, y se teme que si se le despide, varios grandes clientes se vayan con él.
Solución	Trabajando con el cliente éste pudo ver que la verdadera vinculación de los grandes clientes en este caso concreto era para con la empresa, y no para con el Jefe de Ventas, y que su substitución por tanto no tendría grandes impactos negativos. La empresa despidió a este Jefe de Ventas, y un tiempo más tarde los grandes clientes no sólo habían permanecido fieles, sino que reportaron que estaban mucho mejor con el nuevo Jefe de Ventas, haciendo comentarios sobre algunos comportamientos del antiguo, que no les gustaban.

Pasemos a ver los principales factores que determinarán que el despido conlleve ó no consecuencias indeseables.

La verdadera motivación para el despido

En la práctica totalidad de los despidos el motivo oficial argumentado es legalmente correcto. Y en la mayoría, la motivación consciente para despedir es aparentemente correcta.

Sin embargo, en una proporción nada deleznable, los verdaderos motivos son más personales que profesionales. A menudo, el empleado no se ajusta a los criterios de comportamiento social del jefe (no "encaja" con el jefe), ó directamente provoca enfado en éste. Pongamos un ejemplo:

EJEMPLO 9. El nuevo Jefe de Ventas de una empresa, el Sr. De la Mata, quiere darle otro enfoque a la manera en que se venían haciendo las cosas, para conseguir resultados muy superiores a lo habitual (y de paso ponerse una medalla).

Sin embargo, Peláez es un estorbo: insiste en seguir vendiendo al perfil directivo medio (cuando De la Mata le tiene dicho que el objetivo es la alta dirección de los clientes), emplea mucho tiempo en atender las reclamaciones post-venta y en mantener contentos a clientes que hace algunos meses que compran poco, y además es aburrido, serio, y no se une a sus compañeros cuando el Sr. De la Mata les invita a comer, ó a tomar vinos.

Un año más tarde la evaluación mensual de resultados demuestra que las ventas de Peláez han sido ese mes las más bajas del equipo, y De la Mata aprovecha para despedirle, argumentando "justificadamente" que no rinde. Sin embargo, anteriormente otro comercial llegó a niveles inferiores de ventas durante varios meses, pero no se hizo nada al respecto, porque era un comercial "integrado en la filosofía del equipo".

Realmente, De la Mata tenía un conflicto personal interno con Peláez: le molestaba su forma de ser y, olvidándose de la valía, de lo que contribuyó, y de lo que podía contribuir a la organización, aprovechó un momento coyuntural para desembarazarse de él.

Las formas fueron políticamente correctas, pero el fondo (fuera De la Mata consciente de ello ó no) no fue limpio. Peláez era un miembro importante del equipo, con resultados a menudo por encima de la media, y tenía la confianza de muchos clientes fijos, que al desaparecer él, optaron por comprar a la competencia.

Pero Peláez no encajaba a nivel personal con De la Mata. O dicho más detalladamente, De la Mata tenía un sistema de creencias con respecto a cómo han de comportarse sus subordinados, al que no se ajustaba Peláez (independientemente del valor real de ese empleado para la empresa) y eso provocó rechazo en el Directivo, que tomó una decisión no objetiva.

La motivación sistémicamente correcta para despedir es que simplemente, más allá de consideraciones personales, el que determinada persona siguiera en la organización no sería bueno para la continuidad de la misma. Es un despido por el bien común de la organización, no por criterios subjetivos.

Así, una empresa en crisis puede tener que deshacerse de un grupo de personas, para garantizar la supervivencia de la empresa, ó un Directivo puede tener que rescindir el contrato de algún empleado que no rinde lo suficiente, y supone un lastre para la organización, ó que no cumple con sus responsabilidades. Pero esa decisión ha de ser tomada de manera totalmente imparcial, y siempre teniendo realmente el bien de la organización como fin, y no algún conflicto ó interés personal.

Muchos Directivos creen que todas las decisiones de despido se toman desde criterios objetivos, y que es muy raro que un Directivo tome una decisión emocional. La realidad es bien distinta, sólo que estamos tan bien entrenados para ocultar nuestras emociones, que a menudo pasan desapercibidas incluso para nosotros mismos.

Así, muchos Directivos no son conscientes de sus juicios, prejuicios, y parcialidad con respecto a algunos miembros de sus equipos. Creen realizar su labor de manera profesional e imparcial, pero en el fondo de su mente hay algo distinto, y sus acciones traen consecuencias para la organización.

A menudo, un buen indicador para determinar la verdadera motivación de un despido es la emocionalidad. Un despido decidido desde la ira, "en caliente", suele no ser imparcial, aunque también hay despidos decididos de manera tranquila, pero desde un poso de fría venganza, o una sutil agresividad que pasa desapercibida a la mente consciente del Directivo.

Obviamente no existe el empleado perfecto, pero determinados Directivos pueden ver a algunos empleados desde un prisma de intolerancia, de negatividad, de fijarse en los defectos, mientras que otros son capaces de ver las cualidades de cada miembro de su equipo, reconocerlas, y ayudar, desde el respeto y la cercanía, a que cada empleado vaya paliando sus puntos flacos, ó se acomode al puesto ó las tareas donde mejor puede servir a la organización.

Recordemos que en la tribu primigenia un miembro tenía que hacer algo realmente grave para ser expulsado, y la labor del líder era usar y potenciar las capacidades de cada uno para conseguir los objetivos (cazar, protegerse, infraestructura…).

Y más importante aún es recordar que cualquier expulsión era dramática y afectaba al grupo…y parte de eso nos ha quedado grabado. Por lo que cualquier despido ó traslado (una versión *light* del despido) impactará en los que quedan (más ó menos, en función de aspectos como la antigüedad en la empresa, el nivel jerárquico, y también otros aspectos sociales), así que más vale planearse con tranquilidad si el despido es realmente necesario.

Y si así lo decidimos (porque a veces el despido ó el traslado está totalmente justificado), hemos de prepararnos para ejecutarlo de la mejor manera posible.

Caso 14

El cliente	Miembro de entidad gubernamental que gestiona, entre otras cosas, centros de acogida de menores en situaciones problemáticas.
El tema planteado	El funcionario plantea el tema de determinado centro de atención y formación de menores en situaciones de desfavorecimiento, donde hay un mal clima laboral en la plantilla.
Solución	Trabajando con el cliente éste pudo ver que la situación radica en lo siguiente: en el pasado un padre acusó a un monitor de abuso sexual sobre su hijo (por su interpretación de comentarios indirectos del niño, pero sin ninguna prueba), y la reacción de la institución fue relevar fulminantemente al monitor, para dar una buena imagen pública, sin haberse instruido siquiera el caso y sin conocer, por tanto, si la persona era culpable ó no. El resto de la plantilla, que además conocía muy bien al monitor, de intachable trayectoria y fuertes valores personales, no puede creer que pueda ser culpable, y se sentía desprotegido: cualquier niño ó padre podría arrojar en el futuro acusaciones sin pruebas, y la institución automáticamente se pondría del lado del acusador, aun sin esperar al juicio. Esa era la verdadera fuente de mal clima laboral. La solución aquí es que la institución confíe, por principio, en su personal (pertenencia), hasta que se demuestre lo contrario (principio legal de inocencia, por cierto, de la jurisprudencia Española y de la mayoría de países del mundo), ó hasta que haya al menos alguna prueba u otra información que pueda crear dudas razonables (repetición del caso, entrevistas a colaboradores y niños, etc.).

Dos aspectos importantes sobre el despido son los siguientes.

Quién despide

En la tribu primigenia sólo la máxima autoridad tenía el derecho a expulsar (llámese macho alfa/hembra alfa, Gran Jefe, ó Consejo de Sabios/as), dado lo grave y raro que resultaba una expulsión. Sin embargo, en nuestras organizaciones un Directivo que lleve poco tiempo en la organización, puede despedir. Asimismo, un Directivo de nivel jerárquico medio ó incluso bajo también puede despedir (o presionar a Recursos Humanos para que lo haga).

¿Qué percibe el resto de la plantilla, a nivel inconsciente, si alguien así despide? Si un Directivo con larga trayectoria en la organización despide a alguien, como conoce muy bien la organización, y probablemente a la persona, es percibido como alguien que tendrá motivos de peso como para realizar algo tan grave.

Asimismo, alguien con un nivel jerárquico muy alto (Gerente, Consejo de Dirección, el dueño) tiene un altísimo nivel de responsabilidad, y a menudo también parte de su dinero invertido en la empresa. Dicho de otro modo: si la fiesta es tuya, es lógico que la lleves como te parezca, e invites a la misma a quien tú quieras.

Sin embargo, un despido decidido por alguien con poca trayectoria en la organización es fácilmente percibido como infundado, aleatorio, visceral... y por tanto peligroso (*"¡el próximo podría ser yo!"*). Asimismo, un despido decidido por un nivel jerárquico medio ó bajo se percibe como realizado con falta de criterio, al faltarle al Directivo la visión de conjunto, y la legitimidad que da ser socio, accionista, ó alto Directivo.

Por tanto, alguien que despide sin la legitimidad moral que da la antigüedad ó los galones es percibido como peligroso, y ante el peligro el ser humano huye (más frecuentemente) ó se subyuga al peligroso, aparentando ser una oveja sumisa, pero soportando una tensión interna que puede desembocar en muchas cosas. Como mínimo, falta de ilusión por el trabajo y falta de creatividad, siguiendo por climas laborales tensos, estrés, cansancio mental, ó finalmente abandonar la organización.

Algunos pocos Directivos de la vieja escuela creen que es bueno aplicar correctivos ejemplificadotes, conseguir que te tengan miedo, y *"así rendirán más"*, pero esa solución es cortoplacista. En el medio ó largo plazo (incluso a veces en el corto) las consecuencias serán muy negativas. En el Capítulo X hablaremos del estilo de Dirección sistémicamente correcto.

La plantilla no valora a un Directivo peligroso. No le respeta (temor y respeto son cosas distintas), y será muy difícil que un grupo así obtenga grandes resultados a largo plazo.

Cómo se despide

Todo miembro de una organización aportó algo durante el tiempo que estuvo. No cuesta nada reconocer eso, y disipa gran parte de la tensión que conlleva un despido. Así, algunas Escuelas de Negocios dan directrices en esa línea, reconociendo y agradeciendo lo que la persona aportó mientras que estuvo, y a ser posible dando ejemplos concretos.

Sin embargo, la parte difícil es que no pueden ser frases hechas, como enseñan estas escuelas. Si el que las pronuncia no se las cree, tiene un fondo de agresividad, resentimiento ó rechazo a la persona, no sirven de mucho. Porque la gente lo percibe, y no ya la persona en cuestión, sino también los que quedan (que son los que más nos deberían preocupar).

Lo perciben hablando con el despedido, por algún comentario del Directivo…de distintas maneras. Todos tenemos la capacidad de percibir el lenguaje no verbal, el tono de voz con que se dice algo, las emociones ocultas… (véase las neuronas espejo, como comentamos en capítulos anteriores).

También es bueno explicar a la persona los motivos de su despido. La franqueza funciona mejor que lo "oficial" ó lo políticamente correcto. El problema es que es emocionalmente más fácil dar poca ó ninguna explicación, edulcorar la verdad, echar culpas fuera… Tenemos poca ó ninguna formación relacional y emocional. No se enseña en la mayoría de escuelas, pero en las interacciones humanas está a menudo la clave que diferencia a un buen Directivo de uno convencional.

Caso 15

El cliente	Jefe de Departamento en una Universidad
El tema planteado	Se duda entre qué candidato puede ser mejor para cubrir una vacante, y cómo esta persona se integraría mejor en el puesto.
Solución	Resulta que la vacante fue creada al despedir al anterior empleado, por usar fraudulentamente las instalaciones de la Universidad en beneficio propio. El cuñado del despedido es a su vez uno de los otros integrantes del mismo equipo. Trabajando con el cliente éste pudo ver que cualquier nueva incorporación iba a encontrarse con el rechazo (sutil ó evidente) del cuñado, que siente que se ha cometido una injusticia con su cuñado, que trabajó mucho para la Universidad durante años, para luego ser despedido de la manera en que lo fue (algo deshonrosa y traumática). La solución está aquí en reconocer la contribución del ex-empleado, y despedirlo con respeto y reconocimiento, aun reconociendo que la causa del despido fue totalmente correcta. "Salvando su honor" por decirlo de alguna manera. Así, el cuñado se queda más tranquilo, y podrá colaborar mejor con el nuevo incorporado. También ayudamos a detectar el candidato más adecuado, y se trabaja la actitud que ha de tener el nuevo incorporado, tanto de respeto al trabajo de su antecesor, como de humildad y neutralidad ante el cuñado y el resto del equipo.

Llegados a este punto es importante destacar que no existen fórmulas mágicas, ni absolutas. Cada organización tiene sus propias particularidades, contexto e historia, así que pocas cosas son aplicables a rajatabla en cualquier contexto.

En este libro simplemente ofrecemos algunas pautas que pueden ayudar a mejorar la Gestión en toda organización, pero dependerá de cada Gestor el sopesar la realidad, percibir qué está ocurriendo en un determinado caso, y cuál sería el enfoque correcto, teniendo en cuenta la naturaleza humana. Al fin y al cabo, para eso le pagan: para Gestionar la empresa (y la empresa no es más que un grupo de personas) de la manera más beneficiosa y sostenible a largo plazo.

En el contexto del despido, por poner un ejemplo, es probable que no hayan consecuencias negativas si un Directivo que lleve poco tiempo en la organización, despida a alguien por motivos totalmente imparciales y en beneficio de la empresa, y además realice el despido de una manera correcta.

Finalmente, ¿qué pasa si la baja es voluntaria? Si la baja es realmente voluntaria (a veces es más bien inducida) las consecuencias son mucho menores, y a menudo casi nulas.

Sin embargo, hemos de tener en cuenta por una parte que nuestro comportamiento como Gestores ha de ser intachable, para evitar que el resto de miembros de la organización pueda creer que la baja no ha sido realmente voluntaria.

Asimismo, deberemos considerar también que el hueco vacante generará una situación temporal de recolocación emocional en el resto del equipo, y será importante cómo se gestione la incorporación del substituto, aspecto que volveremos a abordar más adelante.

Caso 16

El cliente	Directivo de nivel 3 de gran empresa industrial, dentro de un Grupo de empresas.
El tema planteado	Se va a promocionar a una mujer de nivel 5 a nivel 4, pero uno de los otros candidatos, ya manifiesta comportamientos conflictivos, antes de conocer la decisión, y se teme su reacción al conocer la decisión.
	Se busca cómo conseguir que esa persona no dificulte la labor futura de su actual compañera y futura superiora.
Solución	Trabajando con el cliente éste pudo ver que el verdadero motivo para el comportamiento conflictivo del subordinado está en un sentimiento de injusticia por el cese de otro compañero, tiempo atrás.
	El subordinado cree (de manera inconsciente) que la salida de esa persona no fue realmente voluntaria, ni limpia, y de ahí su rebeldía y conflictividad (sentimiento inconsciente de injusticia).
	Trabajamos con el hecho originario de aquel cese, descubriendo que realmente sí fue voluntario, y desarrollamos los mecanismos para que el subordinado así lo entienda, y remita por tanto su conflictividad.

Los organismos públicos

Uno de los principales problemas en organismos públicos tiene su raíz en la tergiversación de algo que en principio se creó por un fin noble: el funcionariado.

Lo que fue creado para proteger a los empleados frente a cambios políticos, y asegurar una cierta continuidad en el servicio público, es mal entendido por algunos funcionarios, que entienden su puesto de trabajo como un derecho, un premio por haber superado unas oposiciones, y no entienden que el puesto de trabajo conlleva unas responsabilidades y obligaciones.

Así, existen algunos funcionarios (afortunadamente no son la mayoría) que hacen dejación de sus obligaciones, trabajan menos de lo estipulado, se toman bajas por motivos irreales, y con su actitud y su ejemplo "crean escuela" y mal clima laboral.

Es evidente, desde un punto de vista sistémico, que esas personas no cumplen con su tarea y a veces son nocivas para la organización a la que pertenecen, para la calidad del servicio ofrecido al cliente (el ciudadano), y para la imagen que la organización da frente al mismo.

Sin embargo, por una ley "reciente" (comparada con los 200.000 años de los que hablábamos al comienzo del libro), a pesar de que se demuestren estas conductas en determinado funcionario, empleado de empresa pública, y otras figuras similares, no se les puede despedir. Y ahí radica la fuente de muchos problemas en organismos públicos.

¿Cómo abordar estas situaciones? Pues es difícil, y dependerá del caso. En mi experiencia, a veces, el estilo de liderazgo sistémico, que veremos en el Capítulo X, ayuda, al motivar al empleado y ponerlo de nuestro lado, pero no siempre. Conseguir que la persona acuda libremente a un taller formativo de coaching sistémico (aunque lo ideal sería una sesión individual) puede conseguir cambios, aunque dependerá de la disposición de la persona.

Otras veces mecanismos como abrir un Expediente Disciplinario pueden resultar útiles. Y finalmente el traslado a veces puede ser una solución, aunque a veces estaríamos enviando el problema a otra parte, y eso no es del todo ético.

En la tribu primigenia era impensable que alguien no contribuyera, pero tampoco que no se le pudiese expulsar, así que no se inventó nada para solucionarlo.

El lugar en la organización

Toda persona necesita tener un lugar claro en la organización, un puesto de trabajo con determinadas funciones, sentirse reconocido en ese lugar, y que contribuye a la organización.

¿Obvio, no? Pues no. Existen muchas situaciones en las que no tenemos esto en cuenta.

Pongamos que el Gerente de una pequeña empresa contrata a un íntimo amigo de la Facultad para que le asista en sus tareas. La plantilla no recibe un mensaje claro de a qué se va a dedicar esa persona, y en el organigrama aparece como "adjunto a Gerencia".

La descripción del puesto, según el Gerente, es simplemente una persona que le apoya en las tareas infraestructurales y de poco valor añadido, pero la plantilla entiende "adjunto a Gerencia" de otra manera. Además, todos saben que esa persona es íntima amiga del Gerente…y atan sus cabos.

Al poco tiempo, cualquier idea ó sugerencia dicha por el adjunto se toma como orden directa de Gerencia, y tras un periodo de muchos y largos viajes, cuando el Gerente vuelve a la empresa se encuentra con varios problemas graves, creados por esta situación.

El resultado opuesto es cuando el Gerente espera que esta persona sea realmente un sub-Gerente, que se ocupe de los aspectos cotidianos de la Gerencia de la empresa, para poder él dedicarse a la estrategia, visitar a los clientes, y gestionar un nuevo proyecto que tiene en mente. Sin embargo, si no se ha transmitido correctamente el rol de esta persona, la plantilla puede ver al adjunto como un secretario, y no tomarle en serio.

Otra situación, y esta se repite algo más, es que al nuevo incorporado (habitualmente en perfiles bajos, como becarios, pero no sólo) no se le dé una descripción de puesto clara, y simplemente se le diga "ayuda a este equipo", "organiza un poco el almacén", o "ayuda a García" (y cuando García no tiene tareas que encomendarle, el nuevo empleado no sabe qué hacer).

La pertenencia

La vinculación del empleado a su organización dependerá en gran medida de sentirse que ocupa un lugar claro, y que contribuye a la misma. Si esto no ocurre, es posible que ocurran problemas, y en última instancia pueda abandonar la organización.

Y la vinculación es un aspecto muy poderoso, que ayuda a las organizaciones exitosas a crecer, y a superar las innumerables tormentas del día a día.

Hermanas de la vinculación son el compromiso con la organización, el "arrimar el hombro", la baja rotación de personal... y primas hermanas son la innovación, y la imagen que se da cara al público. Veamos, querido lector, si le suena esta situación:

EJEMPLO 9. Un usuario llama al helpdesk de su proveedor de ordenadores. Tras contar al operador todo el problema, y éste hacer comprobaciones administrativas, le responde que el ordenador está fuera de garantía, a lo que el usuario contesta que al comprarlo se contrató una extensión de garantía.

El operador dice que las extensiones de garantía las lleva servicio técnico directamente, y al hablar con servicio técnico éstos responden que eso es un problema comercial, porque en la fecha en la que el usuario compró el ordenador las extensiones las llevaba comercial.

Tras varias llamadas más, el usuario termina frustrado, enfadado, y jura no volver a comprar más a esa marca.

Servicio técnico, post-venta, y comercial en esta organización actúan como entes independientes. No tienen un sentimiento de pertenencia a la marca, y no responden como organización.

Caso 17

El cliente	Un médico de obstetricia (asistente en partos) extranjero que trabaja en el sistema sanitario público Español
El tema planteado	Está pensando seriamente en dejar su empleo, e incluso su profesión, y busca orientación profesional
Solución	Trabajando con el cliente éste pudo ver que el verdadero motivo para su frustración actual es el

miedo a una posible denuncia particular ante cualquier complicación ó muerte en un parto, como le ocurrió a algún compañero suyo en su país de origen, que aun no habiendo cometido negligencia ó error médico alguno, había sido demandado. En esos casos el sistema sanitario no hizo mucho por defender al médico.

Él se siente por tanto desprotegido, poco perteneciente a la organización, y desmotivado. La solución concreta se abordó con técnicas psicoterapéuticas, que no describiremos aquí.

El tema es que si el empleado siente que su organización le protege (obviamente en casos donde no hay negligencia), puede sentirse más a gusto, perteneciente, y motivado para hacer su trabajo.

Otro ejemplo, más sencillo, y en positivo de la pertenencia, es escuchar a cualquier empleado hablando en plural al referirse a su organización, tanto con clientes como con proveedores e incluso amigos: *"nosotros somos..."*, *"nuestra forma de hacer esto es..."*.

En oposición, está la persona que siempre habla en singular, y que se excusa en otros departamentos ó personas de la organización ante clientes y proveedores.

También, un ejemplo muy común es lo que ocurre con muchas fusiones. Años tras la fusión de la empresa X e Y, los empleados y departamentos que provenían de cada una de ellas se sienten como subgrupos, mantienen su cultura empresarial, y hablan de los del otro grupo como "los del X" ó "los del Y".

Y es que en tema de fusiones y absorciones sería necesario gestionar el cambio cultural, la unificación real de valores, objetivos, y formas de trabajar, así como conseguir una pertenencia unificada, si no se desean situaciones indeseables. Sobretodo si pertenecientes a X y a Y han de colaborar, interactuar; menos problemático es cuando existen demarcaciones territoriales de operación, aunque también se dan ciertas situaciones extrañas.

Finalmente, hemos de reseñar también que en los modelos de organización actual, a menudo en un sentido sutil pertenecen a la organización varios elementos fuera de los muros de la misma (accionistas, usuarios, afiliados, proveedores, Partners, otras organizaciones ligadas...).

Las exclusiones de miembros actuales

El excluir a miembros actuales de la organización es un factor que, como poco, suele conllevar mal clima laboral, conflictos, e ineficiencias. Por excluir, entendemos el no contar con esa persona ó grupo de personas, por motivos no limpios. Considerarlas miembros "de segunda", hacer como que no están, aislarlos...

Así, en algunas organizaciones hay personas ó grupos de personas que están aislados, que no interactúan mucho con otras. El típico conflictivo, ó "raro" que se aísla voluntariamente ó que es aislado por sus compañeros es un ejemplo claro, pero también hay otros.

En algunas organizaciones determinados departamentos se consideran como inferiores, tanto por parte de algún Directivo, como por parte de toda la organización.

Y eso se puede comprobar cuando por ejemplo determinado Directivo no saluda a perfiles bajos (secretarias, becarios, personal de limpieza….), la empresa no regala lote navideño a determinados perfiles, ó no les invita a la comida de navidad ó a cualquier actividad lúdica, ó simplemente no se les tiene en cuenta ó no se les escucha antes de tomar decisiones que les afectarán (Ej.: ante un posible cambio en el proceso de producción no se escucha antes a los operarios de línea…y escuchar no significa necesariamente hacer lo que ellos pidan, pero sí haber sopesado sus comentarios).

En oposición a estas organizaciones donde no se saluda a determinados perfiles, tenemos el típico gran líder carismático de los casos famosos en Gestión, que hablaba con todos, del primero al último, les integraba, y levantó un imperio.

Otras causas de conflictividad

Obviamente, no todos los conflictivos lo son por el motivo del ejemplo expuesto al comienzo de este capítulo (la exclusión de un miembro histórico), ni por exclusiones actuales. La ley de pertenencia no es la única que, si no es respetada, puede crear cierta conflictividad difusa, ó personas conflictivas.

Así, las injusticias entre lo que la persona aporta y recibe de la organización (relacionadas con la tercera ley sistémica, que veremos en el Capítulo IV) es también un motivo que crea personas con una actitud conflictiva, negativa, ó de "escaqueo".

También, los choques culturales, tanto entre individuos como entre organizaciones, ó subgrupos dentro de éstas, son también fuente de comportamientos conflictivos, aunque esta situación es menos común que las dos anteriores (veremos el impacto de las distintas culturas en el Capítulo VIII).

Finalmente, también hay características psicológicas concretas que provocan conflictividad en determinadas personas (veremos algunas en el Capítulo IX) pero, contrariamente a lo que la gente cree, estas características propias de cada individuo provocan menos conflictos graves que los provocados por la violación de cualquiera de las tres leyes sistémicas comentadas.

Capítulo IV: El escaqueado, y la rotación

¿Por qué determinados empleados tienen conductas irresponsables, "de escaqueo"? ¿Por qué existe alta rotación en determinadas empresas, departamentos, ó puestos de trabajo?

El equilibrio entre dar y recibir

En la tribu primigenia, existía un claro balance entre lo que el individuo aportaba y recibía del clan. Así, aportaba su trabajo, sus habilidades, y recibía protección, y la estabilidad que proporciona un grupo mayor ante la variabilidad de la caza, las condiciones climáticas, etc.

A ningún miembro de esa tribu se le ocurriría jamás sentarse a la bartola mientras otros realizaban las duras tareas cotidianas.

El clan también era un lugar donde socializarse, donde aprender y crecer como persona. Y contribuciones más significativas eran reconocidas de manera acorde (vía reconocimiento público y/ó vía en las mejoras de posición social). Los dirigentes del clan eran responsables de cuidar a todos los miembros, integrarlos, asegurarse de que todos contribuyeran según sus funciones, y de reconocer y recompensar.

Por eso, cuando uno se incorpora a una organización es frecuente comenzar con mucha ilusión. La persona siente, en un lugar recóndito de su herencia genética, que lo que le han dado es algo mucho mayor que una nómina: es una garantía de supervivencia, al menos durante un tiempo, de que él y los suyos comerán gracias a ese empleo. Y se activan los mecanismos del hombre primigenio que tras un tiempo en la estepa es aceptado por una nueva tribu, que le proporcionará seguridad, alimento… y más cosas.

Porque el empleado no sólo recibe un sueldo, sino también un lugar donde desarrollarse profesionalmente, un lugar donde aprender, y un lugar donde socializarse, quizás hasta hacer amigos y ligues.

Y todo eso es mucho más de los mil Euros mensuales que pone en el contrato. Por eso él, desde su agradecimiento interno, intenta dar, en compensación, más de lo estrictamente contractual (sobretodo cuando aún uno es joven, y no carga con sinsabores encontrados en empleos anteriores): se queda trabajando más horas, revisa documentación en casa, intenta aprender rápido, rendir al máximo…

Pero siempre ocurre algo, tarde ó temprano, que termina con esta actitud: puede ser que un día nuestro empleado necesite un favor, pongamos una tarde libre para un asunto personal justificado, y la empresa no se lo dé. Ya se ha roto la ilusión. Él estaba dando más de lo que se esperaba de él, y la empresa no sólo no lo reconoce, sino que no lo recompensa.

También puede ser que tras meses con esa actitud inicial tan comprometida, el empleado vea que la empresa simplemente no valora su esfuerzo, y se decepcione, ó que sus compañeros le digan que "baje el ritmo", para no dejarles mal a ellos, ó que simplemente el clima laboral esté algo cargado.

En cualquier caso muy a menudo acaba ocurriendo algo que termina con ese compromiso...y casi todas las cosas que terminan con ese compromiso se podían haber evitado.

Todos tenemos un barómetro interno que nos dice cuánto estamos dando y cuánto estamos recibiendo, tanto en la empresa como con familiares y amigos. E inconscientemente nuestro barómetro interno siempre nos va a dirigir a la compensación, al equilibrio.

Es ese barómetro el que enciende la luz roja cuando damos de más, ó cuando recibimos de más, e influencia que hagamos algo, consciente ó inconscientemente, para equilibrar el desequilibrio.

Así, un empleado que esté aportando a la organización más de lo que se le retribuye, si esa aportación no es reconocida, a medio plazo tendrá determinados comportamientos para "compensar" lo que se le paga de menos: navegar por Internet en horario de oficina, hablar largas horas por teléfono para temas personales, hacerse un asiduo de la máquina de café, robar material de oficina, pasar gastos personales como de empresa... en definitiva, "escaquearse", u otras opciones, como por ejemplo abandonar la empresa.

> *EJEMPLO 11. Uno de los comerciales con mayor éxito en determinada empresa llevaba tiempo reclamando un incremento salarial, así como mayores comisiones. Sólo sus ventas representaban más del 40% de la facturación.*
>
> *Sin embargo, la empresa tenía una política retributiva muy clara, que realmente no estaba dispuesta a cambiar.*
>
> *Tras años de promesas y excusas, finalmente el comercial se hartó, dejó la empresa...se unió a una empresa competidora y se llevó a los dos principales clientes consigo.*

Ello no quiere decir que todo "escaqueado" lo haga por los motivos que más arriba comentábamos. A veces es efectivamente un comportamiento inherente a la persona, pero lo sorprendente es descubrir que la mayoría de veces la verdadera causa está en este desequilibrio entre dar y recibir con la organización, ó por dos causas anexas que veremos más adelante.

En última instancia, un desequilibrio grave entre lo que el empleado aporta y recibe de la organización, llevará muy a menudo a buscarse otra organización donde haya más equilibrio. Un ejemplo de esto es la altísima rotación que han tenido en el pasado muchas empresas de software, que cobraban importantes cantidades por sus desarrollos, y pagaban sueldos muy bajos a los programadores que los desarrollaban.

Y lo más curioso, y difícil de percibir a simple vista, es el caso contrario: cuando una persona siente que no está aportando al nivel de su retribución, también tiene un sentimiento inconsciente de culpabilidad, que le hace abandonar la organización. Claro que nadie dirá ó siquiera pensará que deja una organización porque se le paga demasiado, pero a veces ocurre (mucho menos frecuentemente, claro está, que el caso opuesto).

EJEMPLO 12. Una persona joven, con un MBA de una Escuela de negocios de reconocido prestigio, llega a una organización para ocupar un puesto directivo.

Al cabo de pocos meses, tiene un desasosiego que no sabe muy bien cómo identificar, y comienza a buscar otro empleo. Recibe una oferta de trabajo por un sueldo menor al actual, pero le parece un proyecto ilusionador, y la acepta.

Realmente, a nivel inconsciente, él se sentía mal por ganar mucho más que lo que aportaba, y que sus subordinados, con larga experiencia y efectividad en sus puestos. Por eso se fue.

EJEMPLO 13. Una persona que lleva poco tiempo como Directivo en un conocido fabricante de automóviles descubre que su subordinado, con veinte años de experiencia en la empresa, y poca formación académica, tiene un conocimiento enorme sobre la naturaleza de las tareas que se suponen de su competencia. Constantemente ha de apoyarse en él, e incluso delega muchas decisiones en éste.

Finalmente decide irse de la empresa, y estando en otra, un día de repente descubre el verdadero motivo por el que se fue: algo en su interior le decía que no era justa aquella situación.

Otro motivo relacionado con el desequilibrio entre dar y recibir es cuando a determinada persona se le ha prometido, ó "dado a entender" cierta mejora retributiva futura (en base a determinados criterios de tiempo en la empresa, resultados, etc.) ó un ascenso, y llegado el momento éste no ocurre. Ello suele ser causa de desencanto con la organización, *burn out*, y otros comportamientos de poco compromiso con la organización, que pueden derivar en "escaqueos", mal clima laboral, y abandono de la organización.

Veamos ahora otras dos grandes causas comunes de las personas "escaqueadas" y de la alta rotación en determinados puestos ó empresas.

Identificaciones sistémicas

Como comentábamos en el Capítulo II, a veces los que quedan en una organización sienten como propia alguna injusticia sistémica cometida contra algún miembro que ya abandonó la organización.

En esos casos, los comportamientos conflictivos no son la única consecuencia, sino que otras veces la consecuencia es simplemente un mal clima laboral, un estado general de poco compromiso con la organización, "escaqueo", ó alta rotación.

EJEMPLO 14. En una firma de consultoría hay un puesto "caliente", donde nadie ha durado nunca más de un año. Ya han pasado cuatro personas por el puesto.

Resulta que antes de esas cuatro, el socio que lo ocupaba originariamente, alguien con larguísima trayectoria en la empresa y respetado por sus colegas y subordinados, fue despedido de manera turbia.

Esos colegas y subordinados rechazaron a los sucesivos "reemplazos", en teoría por diversas causas, y en la práctica por inconsciente lealtad al originario.

El efecto manzana podrida

Este efecto es conocido por todos. Basta que una ó varias personas tengan un comportamiento de poco compromiso con sus obligaciones para que varios colegas del equipo, ó incluso todos, a veces terminen llevando el mismo ritmo de trabajo, el mismo escaso compromiso para con la organización.

Así que un comportamiento de poco compromiso, ya sea por un desequilibrio entre lo que una persona da y recibe, ya sea por promesas no cumplidas, por identificación sistémica inconsciente con algún miembro pasado, ó por cualquier otra causa, si no es atajado por los superiores, es posible que se expanda a otros miembros de la organización.

La solución está aquí en atajar rápidamente cualquier comportamiento ilícito, para que el ejemplo no cunda.

En el caso en que el comportamiento no pueda ser corregido, ni tampoco se pueda despedir ó trasladar a la persona (caso de algunos organismos públicos) al menos es importante transmitir al resto de la plantilla que esos comportamientos no son aceptados por la Dirección, así como tomar las medidas que sean necesarias (tanto de penalización, aunque sea moral, a los causantes, como de estímulo al resto de la plantilla).

El equilibrio con subordinados

El tema del equilibrio entre lo que el empleado da y recibe en una organización tiene muchas más ramificaciones de lo que parecería. Así, promociones laborales ó incrementos salariales son a veces vistos con malos ojos por los no beneficiados, que consideran que han hecho más méritos (han aportado más) que su compañero "beneficiado".

También, cuando el *status quo* cambia, por el motivo que sea, pueden surgir tensiones (cambios en la política retributiva, en horarios, en vacaciones, en ubicación de puestos, en lugares geográficos de trabajo… ¡e incluso en el mobiliario!)

La recomendación en estos casos es ser lo más igualitario posible, acordar los cambios con la plantilla antes de que éstos ocurran, y transmitir claramente los motivos (que esperemos sean sistémicamente correctos) de por qué determinada persona es ascendida, ó se le incrementa la retribución.

Caso 18

El cliente	Alto Directivo en gran empresa
El tema planteado	Se acaba de realizar una reestructuración para orientarse más al cliente, que ha conllevado muchos cambios de puesto, y de residencia. Ahora existe gran conflictividad e insatisfacción en la plantilla, y se quiere ver por qué, y cómo actuar.
Solución	Trabajando con el cliente éste pudo ver que la reestructuración conllevó, por un lado, muchos cambios en la jerarquía y en algunos salarios, que fueron mal vistos por algunas personas. Así, algunos percibieron agravios comparativos: *"¿por qué le suben el sueldo a él y a mí no, si realizamos la misma tarea?"* (equilibrio entre dar y recibir). Por otro lado, muchas personas que llevaban muchos años en la compañía llevaron mal el cambio de residencia (junto con sus familias), que no se compensó con un incentivo económico. Finalmente, también pudo comprobar que en la práctica la reestructuración no estaba tan enfocada al servicio al cliente como se pensaba. Se estaba perdiendo al cliente del punto de mira, cuando el reenfoque hacia el cliente era lo que se suponía había provocado toda esta reestructuración.

Otro motivo de conflicto son los "sobreentendidos" en cuanto a determinada contribución (una persona cree que por colaborar en algo obtendrá más beneficios que los explicitados, y después se frustra por ver que no éstos no ocurren). Y más graves son cuando no son sobreentendidos, sino cuando se realiza una promesa (clara ó dada a entender) que después no se cumple.

> *EJEMPLO 15. En determinada organización, Manolo es el conflictivo. Tiene una actitud muy negativa, dice que no a todo, y siempre se queja de cómo se hacen las cosas y de la Dirección.*
>
> *Resulta que, aunque pocos conocen el hecho, y los que lo conocen no lo recuerdan, a Manolo le dio a entender determinado miembro de la Dirección, hace muchos años, que si se metía de lleno en determinado proyecto, metiendo más horas de las contractuales, y obtenía buenos resultados, sería ascendido.*
>
> *Él lo hizo, y consiguió los buenos resultados, pero justo antes de finalizar el proyecto ese Directivo abandonó la organización. Y cuando fue a pedir ese ascenso, el nuevo Directivo le contestó que el acuerdo no lo tenía con él.*

El equilibrio en el día a día

El equilibrio (ó desequilibrio) entre lo que se da y lo que se recibe es una causa importante de conflictos y tensiones en multitud de situaciones y proyectos cotidianos.

Así, a veces no queda claro lo que una parte va a aportar y recibir en un proyecto conjunto entre organizaciones, ó hay sobreentendidos que más tarde se desvelan como erróneos. Una parte puede sobreentender que además de lo explicitado en los términos de la colaboración, tendrá otros beneficios a largo plazo (acceso al cliente final, continuidad en la colaboración con la otra parte, que le reporte más beneficios, ó cualquier otra cosa) que después no se dan, y se siente engañada ó frustrada.

Por eso es importante que las verdaderas condiciones queden explicitadas y acordadas. Esto aplica tanto entre organizaciones, como entre áreas de una organización, y entre personas. Y si son explicitadas, obviamente es importante que después los acuerdos se respeten.

EJEMPLO 16. Determinado Directivo de una empresa propuso a su subcontratista habitual bajar los precios en la ejecución de los servicios a determinado nuevo cliente que, por ser muy grande, constituía un potencial gran comprador, con el acuerdo de que más adelante se subirían los precios.

Un tiempo más tarde efectivamente los precios de servicio subieron, pero el Directivo "no se acordó" de repercutir la subida también al subcontratista. Poco más tarde se trasladó a otra posición en la empresa.

Cuando un tiempo más tarde el subcontratista se enteró de que los precios a cliente habían subido, y no se les había notificado, comenzó a maquillar las horas de trabajo que cobraba a esta empresa, a destinar a su personal menos cualificado a los proyectos de ésta, y a darle menos prioridad en servicio. En definitiva, la calidad de servicio bajó mucho, y el cliente final lo notó y se quejó.

En la Dirección de la empresa se culpabilizó exclusivamente al subcontratista por los hechos (sin recordar la promesa primigenia), y se terminó por cambiar de proveedor de servicio, con el consecuente impacto hacia el cliente final.

El equilibrio en pequeñas organizaciones

A menudo en pequeñas organizaciones donde hay varios socios, no quedan realmente claras las atribuciones de cada socio. Así, es habitual que un socio lleve más peso en la supervivencia y expansión del negocio (por ejemplo venda más, y también ejecute el mismo ó más trabajo que el resto) y sin embargo cobre lo mismo que otros socios.

Estas situaciones terminan con tensiones, conflictos, y a menudo escisiones. Es importante definir bien quién se encargará de las ventas, quién de la ejecución y, si las ventas son más importantes para la supervivencia del negocio que la calidad de la ejecución (como es más habitual), a menudo la función comercial ha de ser retribuida por encima de la de ejecución, si se quieren evitar tensiones. Veremos más en detalle el tema de las distintas aportaciones a la organización en el siguiente Capítulo.

Caso 19

El cliente	Socia de una pequeña empresa de consultoría, donde cada socio tiene sus actividades como freelance, además de ciertos proyectos en conjunto.
El tema planteado	En un proyecto clave, uno de los tres socios que lo ejecutan, que es en quien el cliente más confía, y el que le vendió el proyecto, está haciendo dejación de sus responsabilidades. No se involucra en el proyecto, y por tanto hay retrasos, se da mala imagen, y hasta pudiera peligrar el proyecto. Se pretende ver cómo solucionar la situación, quizás sacando al socio del proyecto y poniendo otro

	líder.
Solución	Trabajando con el cliente éste pudo ver que la verdadera raíz del tema es el reparto interno que tienen establecidos los socios. Así, pese a que el socio trajo el proyecto, y además es el responsable principal de su ejecución, parece que el reparto interno de los beneficios económicos del proyecto no reconoce suficientemente esa situación, provocando falta de interés ó compromiso en el socio, que prefiere invertir su tiempo y energía en otros proyectos. La solución aquí es reconocer y recompensar la especial aportación del socio.
Comentarios	La cliente o no llegó a tiempo, o no quiso realmente implementar esta solución, y su asociación con esta persona llegó a romperse irremediablemente a las pocas semanas, tanto para éste como para futuros proyectos. Y este socio tiene acceso a multitud de grandes clientes y proyectos.

El equilibrio entre colegas

En lo personal, cuando un amigo nos hace un regalo, automáticamente sentimos el deseo de devolverlo. Comenzamos a pensar qué hacer por él, cuándo será su cumpleaños, etc. Esto es normal y sano, y viene de nuestra herencia generacional.

Asimismo, en un entorno laboral, cuando un colega hace algo por nosotros más allá de sus obligaciones, nos ayuda, ó simplemente colabora positivamente con nosotros, también (si la persona no tiene ningún pequeño trastorno personal ó sistémico) sentimos una especie de agradecimiento interior que nos lleva a colaborar, a ayudarle.

Sin embargo, si una de las dos partes es quien repetidamente ayuda más, hace más por el otro, y el otro no es capaz (por conocimiento, actitud, contexto del puesto de trabajo, etc.) de devolver eso, se puede llegar a crear un tema de inconsciente (ó consciente) tensión.

El caso extremo es el del "trepa" que se aprovecha del esfuerzo de sus compañeros para apuntarse medallas y prosperar.

Lo curioso es que no sólo el que da más se da cuenta de este desequilibrio, sino también el que recibe más (aunque a un nivel inconsciente). Y esa "culpa" le influenciará a largo plazo.

EJEMPLO 17. Manolo es un triunfador. Ha escalado posiciones rápidamente en la organización, dejando atrás a sus colegas.

Un día recibe una propuesta de trabajo y, aunque ésta le conllevará mudarse, con su mujer e hijos, a otro lugar, y trabajar mucho más de lo que ahora trabaja (la realidad es que ahora vive muy bien), perdiendo tiempo para su vida personal y para estar con sus hijos, lo acepta.

Él no es consciente de que algo en él sabe que no está bien que haya prosperado aprovechándose de los esfuerzos de otros, apropiándose de ideas y logros de otros como propias, y esa parte interna le dice que no puede quedarse más tiempo en esa organización.

El sentimiento de culpa, aunque es una vocecita que habla muy bajo, actúa potentemente.

Una consecuencia (positiva ó negativa, según se mire) de la colaboración activa, del dar y recibir entre colegas, es que se crea cierto vínculo entre ellos. Cuanto mayor sea el dar y recibir, mayor vínculo.

Y el vínculo es lo que creará, por una parte, la cohesión del grupo, el arrimar el hombro, y la sensación de equipo. Pero también, cuando un miembro abandone el equipo (baja voluntaria de la organización, traslado, ó despido) el vínculo es lo que provocará que los demás tengan cierta sensación de pérdida. Y será importante cómo se gestione la integración del nuevo miembro que substituya al que se fue, así como la actitud del mismo para con el equipo.

Capítulo V: ¿Quién es más importante en esta organización?

Áreas más imprescindibles

Caso 20

El cliente	Gerente de una gran empresa industrial, que fabrica, entre otras cosas, maquinaria para la creación de puertas de automóvil.
El tema planteado	Los montadores (personas que instalan y calibran las máquinas producidas en el cliente) siempre han tenido quejas, y reivindicaciones salariales y vacacionales. El cliente quiere ver cómo atajar ó abordar esa conflictividad.
Solución	Trabajando con el cliente éste pudo ver que realmente, para la mayoría de sus clientes (empresas a menudo localizadas en países en vías de desarrollo), el principal motivo interno de compra no es la marca, ni el precio, sino la calidad del montado, calibración y mantenimiento de la maquinaria (muy compleja). Los montadores consciente ó inconscientemente saben eso, y ven que son de los que menos ganan en la empresa, así como soportan largos periodos fuera de su casa, con muchas horas de trabajo cuando están en el extranjero (amén de cierta sensación de peligro en algunos de esos países, donde existe menos seguridad que en España). Por eso tienen esas reivindicaciones, que son, por tanto, lícitas. La manera de terminar con ellas, y conseguir potenciar la calidad del recientemente descubierto principal

> motivo de satisfacción para el cliente, es efectivamente dar una respuesta favorable a las peticiones de los montadores, al menos en parte.

A menudo existen departamentos ó áreas que son más importantes de lo que creemos en muchas organizaciones. Pongamos otro ejemplo:

EJEMPLO 18. Una determinada empresa se creó en su día para fabricar y distribuir un novedoso y técnicamente avanzado producto industrial. Inicialmente la empresa básicamente constaba del departamento de producción y del de ventas y distribución.

Más tarde, según la empresa fue creciendo y prosperando, se añadieron otros departamentos: Aprovisionamientos, Recursos Humanos, I+D, Calidad, Administración…

Años más tarde, la consideración en la empresa de Recursos Humanos (gente muy formada) era muy superior a la del departamento de Producción (personas con poca formación, "toscas"…), y en las reuniones del Consejo de Dirección parecía que siempre el culpable de todos los males y problemas era Producción. El Jefe de Recursos Humanos, en especial, tenía una conducta un tanto arrogante con respecto al Jefe de Producción. Y cuanto más superiores se creían el resto de Jefes, más tenso y conflictivo se volvía el Jefe de Producción, y peor iban las cosas en su departamento.

¿Y qué departamento era más imprescindible en esa empresa, que se diferenciaba por la alta innovación, reconocimiento de marca, y prestaciones de su producto? Dicho de otra manera, ¿de qué departamento no podía prescindir esta empresa? ¿Recursos

Humanos? ¿Aprovisionamientos? No: del de Producción.

Ellos, consciente ó inconscientemente lo sabían, sabían de su importancia en la empresa, pero eran tratados por los demás como de menos importantes. Por eso de los constantes problemas (no sólo humanos, sino también técnicos, de producción) en ese departamento.

El departamento más vital para la supervivencia de la organización ha de ser reconocido como tal, y valorado acordemente. Si no, pueden ocurrir problemas.

Y la jerarquía interna entre departamentos dependerá, obviamente, de cada caso. Así, en muchas empresas será el área de Ventas ó Marketing la más importante (el que "trae el pescado"). En esas organizaciones el reconocimiento de marca, ó la mera creación ó mantenimiento de un nicho de mercado ó una cartera de clientes es lo más vital para la supervivencia de la organización. Un ejemplo claro son las empresas, por ejemplo textiles, que producen en China ó cualquier otro país en vías de desarrollo, y ello no afecta negativamente a sus ventas.

En términos del área publica, recaudación, ó consecución de Presupuestos, podría ser el equivalente para este caso, que tuviera más peso (aquel que obtiene y gestiona los presupuestos necesarios para funcionar).

En otras organizaciones, el área de Producción ó de ejecución del servicio es lo más importante, como hemos visto, donde la calidad del producto ó servicio final es el motivo más importante de compra.

Ejemplos de esto podrían ser productos altamente tecnológicos e innovadores, con diferencias importantes con cualquier otro del mercado, ó servicios donde la calidad es lo más importante: una clínica privada de salud especializada en temas de corazón; una pequeña empresa de asesoramiento fiscal que es reconocida por los resultados que obtiene; una agencia de publicidad que ha recibido muchos reconocimientos por varios spots televisivos…

Pero hay muchas más opciones. Así, el que da viabilidad infraestructural a la organización es a veces el verdaderamente más importante. Por ejemplo, en muchos Hospitales y centros de asistencia médica ó psiquiátrica no especializada, el "tener camas" es lo más importante, y el departamento de Administración (que gestiona el equipamiento, las medicinas, a veces la gestión presupuestaria, y en general asegurarse que el centro funcione materialmente), es el más importante. Sin embargo, en muchos Hospitales son los médicos los que se consideran más importantes… y las tensiones internas están servidas.

Otro caso: las grandes superficies. ¿Quién diríamos que es más importante aquí? Pues, como muchos lectores sabrán, el verdadero beneficio en las grandes superficies no viene tanto del margen comercial entre el precio de compra y venta del "bote de tomate", sino de la rotación de activos financieros: de los beneficios que rinde el dinero que pagan los consumidores en el acto, al llenar el carrito de la compra, y que la gran superficie paga cuatro meses más tarde (ó más) a sus proveedores.

¿Quién sería por tanto más importante? Pues no he trabajado nunca con una gran superficie, por lo que no lo puedo asegurar, pero probablemente el Departamento Financiero, ya que el beneficio de la empresa dependerá en mayor medida de cómo de bien se haya invertido ese dinero.

Otro caso: las líneas aéreas. ¿Quién se considera más importante? Los pilotos, por supuesto. ¿Y quién lo sería, si tenemos en cuenta lo dicho? ¿Una línea aérea podría funcionar sin aviones, ó sin clientes? ¿Qué sería más efectivo y eficiente, ante una situación de huelgas continuadas de pilotos: crear otra línea aérea, comprar aviones, y conseguir reconocimiento de marca y clientela, ó despedir a todos los pilotos y substituirlos por otros del extranjero? Aquí, de nuevo, sólo puedo lanzar una hipótesis, en base a la sistémica, ya que aunque he trabajado con una línea aérea, no hemos abordado este caso.

Finalmente, un caso más radical: ¿Quién sería más importante en una empresa industrial en la R.D del Congo? ¿Producción? ¿Ventas? Pues no: seguridad.

En la R.D del Congo, donde hay un conflicto armado, tú puedes producir el mejor producto del mundo, tener la mejor red comercial, y que en una incursión una facción militar arrase con tu empresa.

Insistimos en el tema de ser más importante en determinada organización, porque a menudo el que oficialmente ó socialmente es más importante, no es el mismo que el que realmente, sistémicamente, lo es.

Y a menudo los que perciben interiormente que lo son, si no son reconocidos, crean tensiones y problemas de gestión con los que se creen más importantes, y viceversa. Y a menudo ese reconocimiento costaría poco económicamente. Muchas veces bastaría con un reconocimiento humano, público, simbólico, y en otros con pequeñas prebendas, premios, e incentivos que no han de costar demasiado dinero.

Distintos perfiles aportan más

El reconocimiento de la aportación no sólo aplica a los departamentos de una organización, sino también entre las distintas empresas de un grupo, servicios dentro de un organismo público, entidades geográficas dentro de una misma organización (sucursales, divisiones…), y también a distintas aportaciones individuales dentro de una misma organización.

Así, por ejemplo, distintos perfiles dentro de una misma organización, tienen distintos grados de responsabilidad en cuanto a la consecución última de los fines de la misma. Por ejemplo, en una empresa privada un Director de Área tiene más responsabilidad que un técnico. Y de su (buena ó mala) gestión dependerá en mayor medida los resultados de la empresa. Por eso ganan más.

Sólo que a menudo los subordinados sólo se fijan en el sueldo que esta persona cobra, sin pararse a pensar en las responsabilidades que el puesto conlleva: estar pendiente de muchos aspectos, coordinar a sus subordinados, implementar las directrices que le vienen de arriba, velar por la ejecución de los proyectos, afrontar quejas, apoyar a la labor comercial, y detectar y afrontar infinidad de situaciones que requerirán cierto desgaste energético.

A veces hay que gestionar quejas de superiores, clientes, colaboradores, y subordinados. Otras hay que encarar con un subordinado su falta de resultados, ó su mala actitud. E incluso a veces hay que despedir a alguien. Y todas estas situaciones no son agradables para nadie, aunque algunos ya estén tan curtidos que no sean conscientes del desgaste interno que les causan.

Cuando se asciende a alguien, sí le dicen que va a ocupar un puesto de más responsabilidad, pero como lo vive la persona en muchos casos es como un premio, como una subida de sueldo, y un incremento de estatus en la organización. Y el ascenso debería ser un mero reconocimiento de que la persona está capacitada para contribuir a un mayor nivel en la organización. Que está preparada para asumir y lidiar con más responsabilidades y problemas.

Recomendaciones para el Directivo

La persona que tiene a otras a su cargo debería velar no sólo por asegurarse de que todos trabajan coordinados para conseguir los objetivos definidos, y abordar y atajar cualquier desviación, sino también reconocer las aportaciones significativas de cada miembro de su equipo (no sólo de palabra, sino a veces también con flexibilidad de horarios, días libres, bonos, ó cualquier otro método material).

También es responsable de apoyar el desarrollo profesional de sus subordinados y medir su progresión, así como de ascender ó recomendar para el ascenso a aquellos que vea más capacitados, y premiar a aquellos que hayan realizado ó estén realizando aportaciones especialmente significativas a la organización. Nótese la diferencia entre premiar y ascender.

Capítulo VI: El nuevo directivo, y los operarios de la línea

La antigüedad en la organización

Pongamos que una persona altamente cualificada en la teoría necesaria para desarrollar determinado puesto directivo (con cierta experiencia contrastada y un MBA de una reconocida Escuela de Negocios, por ejemplo) es contratada para ese puesto.

Tendrá, por tanto, desde el primer día, un poder y una capacidad de mando, sobre decenas, cientos, ó miles de trabajadores: personas que llevan en la organización muchos años. Sin embargo, esta persona, pese a no haber aportado nada aún a la organización, tiene en sus manos poder para, por ejemplo, despedir a otros.

EJEMPLO 19. En una División de una importante empresa industrial están ocurriendo problemas continuos en la línea de producción. Desde absentismo laboral, bajas no muy justificadas, pequeños conflictos, e incluso averías "accidentales" y problemas de calidad para todos los gustos. La Dirección no sabe qué puede estar ocurriendo.

Díez de Medina es un brillante gestor que, tras terminar sus estudios con las más altas calificaciones y realizar un MBA, obtuvo importantes éxitos en una mediana empresa industrial.

Fue contratado hace unos meses como responsable de Fabricación en esta División, y al poco de llegar ya comenzó a aplicar sus conocimientos, y lo que en el pasado le funcionó. Sin embargo, su actitud provoca gran tensión en sus subordinados, y especialmente en los operarios de la línea.

El verdadero motivo para todos estos problemas en esta empresa es simplemente la actitud del nuevo Directivo, que no respeta el bagaje de sus subordinados, con decenas de años en la empresa, sobre lo que en esta empresa funciona y lo que no.

Aunque no lo manifiesta abiertamente, Díez de Medina considera a los operarios como, por decirlo finamente, personas toscas sin ninguna formación. Y eso se nota. Aunque no se diga, se nota. Y después vienen las tensiones, el absentismo laboral, la falta de motivación por hacer las cosas bien, e incluso infinidad de pequeños errores y descuidos que afectan a la producción.

En la tribu primigenia, el último que se incorpora a la tribu difícilmente se podría erigir en líder, y mucho menos sin haber realizado una proeza, una contribución significativa al beneficio del grupo. Por tanto, aunque nuestro directivo tiene legalmente toda la autoridad para dirigir, e incluso echar a personas fuera de la organización, sistémicamente no lo tiene. Deberá ganarse la autoridad moral con el tiempo y demostrando su valía.

Por tanto, determinadas acciones y actitudes que no respeten a los "veteranos" tendrán consecuencias negativas en toda la organización. El subconsciente de todos sus subordinados (y el suyo propio) le dirán que la actitud que está teniendo no está bien.

La quinta ley sistémica dice que los recién incorporados deben respetar la antigüedad de sus colegas y subordinados, que llevan mucho tiempo en la organización, y se han ganado ciertos "galones", cierto respeto.

Claro que uno puede aportar sus conocimientos en cuanto a optimización de producción, ahorro en despilfarros, calidad, etc., pero respetando a los que ya estaban. Y una manera de manifestar respeto es dialogar, contrastar cualquier idea ó propuesta de cambio antes con los subordinados, porque quizás te sorprendas al descubrir información e ideas importantes.

La actitud no es algo que se manifieste por las palabras, sino que es algo que se percibe automáticamente por cualquier persona, y una verdadera actitud de respeto a la antigüedad, que no cuesta dinero, ahorraría muchos problemas a las organizaciones.

El ejemplo anterior sólo es un caso extremo, pero a distintos niveles es habitual que quien tiene más conocimientos técnicos ó académicos se considere superior a los que no lo tienen, que también son personas, y además perciben, como todos, las actitudes de los demás. Así de simple, y así de grave.

Ello no quiere decir obviamente que el Directivo, tras escuchar todas las opiniones, no tome la decisión que considere más adecuada, y que a veces será distinta de la opinión de sus subordinados, pero otras veces se verá influida (en positivo) por el feedback de su gente.

Y lo más importante: ellos verán ese respeto a su antigüedad, y serán mucho más proclives al cambio. Esto, por cierto, no funciona si es una mera pose, ó una pregunta políticamente correcta. Sólo funciona si el respeto es verdadero, porque todos lo notarán.

La realidad de los Directivos es que la mayoría pasarán, a lo largo de su vida, por distintas organizaciones, así que esta situación nos va a afectar a todos, tarde ó temprano. Entrar en una organización (ó llevar muy pocos años en ella), independientemente del bagaje previo, debería tomarse con humildad, escuchando mucho, preguntando bastante, y hablando poco: lo justo para implementar una decisión tomada tras estas dos primeras fases.

Caso 21

El cliente	Coach que apoya al gerente de un Puerto Naval.
El tema planteado	El gerente, que lleva poco tiempo en el cargo, está teniendo dificultades tanto con sus subordinados, como ciertas sutiles reticencias con el Consorcio (predominantemente público) que gestiona en última instancia el Puerto.

Solución | Trabajando con el cliente éste pudo ver que realmente la actitud del gerente no es muy respetuosa hacia la antigüedad y bagaje de sus subordinados, ni ante la historia que tiene ese Puerto, cosa que empieza a crear alguna desconfianza hacia su persona en el Consorcio.

El gerente tiene un largo bagaje y sólida experiencia, pero se basaba casi únicamente en lo que funcionó en otras organizaciones similares.

Una actitud más respetuosa, más sumisa, menos rompedora, para con la gestión del puerto, y sobretodo para con el Consorcio, sería más conveniente para asegurar su continuidad en el puesto, así como para a largo plazo ir implementando sus ideas, pero de manera gradual, y contrastada tanto con el Consorcio como con sus subordinados.

El "otro" organigrama

La antigüedad en la organización influencia al "otro" organigrama, distinto del oficial. Un organigrama que viene marcado por el tiempo, y donde se entretejen redes de amistad, rencores, lealtades, y pérdidas (todos los que se fueron).

Otro factor importante que opera en ese otro organigrama, como hemos visto en capítulos anteriores, son aquellas personas que tuvieron una contribución especial en la creación, expansión ó supervivencia de la organización. Asimismo, también las distintas interactuaciones, colaboraciones, y apoyos, determinan una parte de ese "otro" organigrama, con personas que centralizan más conexiones, más vínculos, con los demás, y otros que tienen menos.

Llevado al ámbito social, es curioso observar cómo en algunos países latinoamericanos, y también en algunas regiones Españolas, las personas destacan en los Currículum Vitae que envían a posibles empresas contratantes, más que su formación ó experiencia, a quién conocen. Qué vínculos tienen con distintos directivos de distintas empresas, y que pueden ayudar a captar clientela, ó a solventar determinados problemas. Es lo que hoy en día se materializa en portales de Internet tipo *LinkedIn*.

Ese organigrama oculto, que a menudo no se tiene en cuenta, opera y afecta importantemente en la organización, y nos puede ayudar a entender determinadas situaciones y comportamientos, así como a ayudar a solventarlos.

En pequeñas organizaciones

Aunque la ley de respeto a la antigüedad opera a cualquier nivel, es curioso ver cómo en pequeñas organizaciones son más visibles los problemas derivados de ese no respeto a la antigüedad.

Así, en una organización con varios socios promotores, donde más tarde se incorpora otro socio en igualdad de condiciones legales (participación accionarial, sueldo, "voz y voto"…) pueden haber tensiones.

Capítulo VII: En esta empresa pasa algo...

La transparencia

La Alta Dirección de muchas organizaciones opta por ocultar información clave a la plantilla. Por ejemplo, en situaciones de crisis, de posibles absorciones, de posibles reestructuraciones de personal...

Lo que la Alta Dirección no tiene en cuenta es que las personas somos capaces de percibir determinadas cosas. El empleado percibe que algo pasa, y lo más habitual es que se ponga en el peor escenario, la peor película, en la que se le despide, se le traslada, ó se empeoran sus condiciones laborales.

EJEMPLO 20. En determinada empresa los empleados notaban que algo pasaba. Los Directivos estaban especialmente nerviosos, el Consejo de Dirección se reunía mucho más a menudo de lo habitual, y se quedaban hasta tarde...

También circulaban rumores de quiebra, y otros de venta de la empresa. Muchos empleados estaban preocupados, tensos. La productividad bajó, y bastantes comenzaron a enviar Curriculums a otras empresas, preparándose para lo peor.

Finalmente se dio a conocer la noticia de que una filial tenía graves problemas, y la empresa había estado tomando cartas en el asunto.

La falta de transparencia también puede provocar frustraciones en la plantilla, y pérdida de horas de trabajo.

EJEMPLO 21. El Sr. Ferragut tiene una brillante idea de desarrollo. Implementada, podrá ahorrar el 10% de los costes de producción, y aunque requeriría una fuerte inversión, ésta se amortizaría en sólo 6 años.

Ilusionado, prepara una propuesta detallada que entrega a su superior. Éste, antes de aprobarla, la contrasta con su superior, miembro del Consejo de Dirección, y éste, sólo con escuchar el coste y el tiempo de retorno de la inversión, la desestima directamente, sin leer la propuesta. Encogiéndose de hombros, lo comunica a Ferragut, quien se lleva una importante decepción, cuanto más, porque es el segundo proyecto que le desestiman, cosa que hace que su compromiso con la empresa caiga en picado.

En otra área de la empresa, algo similar ocurre con unas inversiones que sería lógico acometer, pero la propuesta no se acepta.

La realidad es que esta empresa pasa por un momento de tensión de liquidez como para crecer, y está sopesando las alternativas de financiación (salir a bolsa, incorporar nuevos socios, financiación bancaria...), por lo que prefiere no acometer ninguna inversión importante hasta que el panorama se despeje.

Sin embargo, no se ha transmitido nada a la plantilla, por temor a que exageren la situación de la empresa (que no es mala), y el rumor acabe afectando a empleados, proveedores, y clientes.

La no transparencia suele ser debida a que la Alta Dirección no confía realmente en la madurez y capacidad de sus subordinados. La frase interior es algo así como *"no se lo vamos a decir, porque no lo entenderán, y cundirá el pánico; mejor nos ahorramos problemas"*.

El verdadero problema es cuando no se comunica abiertamente la realidad, porque el empleado percibirá que algo pasa, se creará revuelo, y será peor.

Los subordinados son personas con el mismo nivel de medio de madurez personal que la Alta Dirección (formación académica y madurez no van necesariamente unidas). Si se les transmite claramente una situación de crisis, haciéndoles partícipes de la misma, aceptando sugerencias, y pidiendo que todos arrimen el hombro para salir de la situación, es mucho más probable que la mayoría de la gente responda favorablemente. Porque se les está tratando de ser humano a ser humano, de igual a igual, y se les está integrando en la empresa.

Entonces, el sentimiento de "salvar la empresa que les da de comer" puede hacer que realicen proezas, ó cuanto menos no empeoren la situación.

La transparencia, en temas individuales

El principio de transparencia también aplica a temas de individuos aislados. Así, a veces no se actúa de manera franca, y se oculta información vital a determinado empleado, que como tiene la capacidad de percibir, reacciona de manera acorde.

A lo largo de este libro ya hemos insistido en la capacidad de percibir que tenemos todos, y hasta hace poco no existía una explicación científica para ello. Como explicamos en el Capítulo I, los neurólogos descubrieron hace poco lo que se denomina las "neuronas espejo" en el cerebro humano, que están especializadas en captar la información no verbal durante una conversación, y extraer la verdad bajo las palabras.

Caso 22

El cliente	Directivo de nivel medio en una mediana empresa
El tema planteado	Se contrató a una persona para apoyar a determinado "senior", y que fuera formada por éste. Sin embargo, el "senior" no la forma, no comparte su conocimiento, y hasta le oculta información.
Solución	Trabajando con el cliente vimos que el senior percibía esta situación como un reemplazo encubierto, y tras contrastarlo con el cliente, resultó que efectivamente así era. Si la persona intuye que por un lado se le intenta engañar, y por otro se le pide que forme al que será su

substituto, ¿cómo espera uno que reaccione?

La solución es reconocer el error al no ser transparente, afrontar la situación con todas "las cartas sobre la mesa", explicando los motivos para la substitución, y acordando con el senior las condiciones tanto para su relevo, como para que forme al substituto (el senior poseía gran conocimiento tácito, no recogido en ningún documento en la organización, y que era valioso).

Por tanto, la mejor política es ser franco, transparente, siempre. Y abordar situaciones como *"te vamos a tener que trasladar/despedir en 6 meses, por esto y aquello"*, con honestidad y franqueza. La verdad siempre da mejores resultados a largo plazo.

Caso 23

El cliente	Directiva de nivel intermedio en cierta rama de un gran Banco
El tema planteado	Existen grandes dificultades para conseguir la aprobación del Plan de Carrera entre los altos directivos. La cliente quiere ver qué está pasando, y cómo desbloquear la situación.
Solución	Trabajando con la cliente ésta pudo ver que realmente el Plan de Carrera era percibido como un Plan de Jubilación anticipada por algunos altos directivos de cierta edad. Por eso bloqueaban su avance y aprobación. Probablemente su percepción era correcta, y realmente fuera un Plan de Jubilación oculto (aunque no pudimos contrastar esto).

	La solución pasa por aclarar si realmente es un Plan de Jubilación encubierto ó no, y de ser así abordar el tema directamente con los afectados, sin tapujos, explicando la realidad de la entidad, la necesidad de un relevo, y los términos en que se hará el mismo. De no tratarse de un Plan de Jubilación encubierto, la solución es explicarlo claramente, garantizando la continuidad en el puesto.
Comentarios	Es curioso que la más alta Dirección encargara a una Directiva con nivel jerárquico inferior a los afectados, el acometer este Plan. A veces ello denota claramente el no querer ó atreverse a encarar la situación con los altos Directivos en cuestión.

Otras versiones de la transparencia son las que atañen al día a día de la gestión, como:

- Hablar abiertamente del estado, evolución, y los problemas del proyecto con todo el equipo

- Hablar en privado (y en positivo) con cada persona de su evolución, cómo es percibido por sus superiores y colegas, sus carencias, y cómo las va a paliar

- Ante conflictos en ciernes, es mejor hablar lo que te molesta con quien aplique (el interesado ó su superior), antes de que pequeños roces ó malentendidos se conviertan en verdaderas tensiones y conflictos abiertos (*"me ha molestado que no me dieses ese ascenso"*, *"me es difícil colaborar con esa persona"*, etc.).

Con el diálogo, descubriremos que muchas situaciones que nos molestan no son objetivamente así. Tal cosa no se nos dijo/hizo con esa intención, ó existe otra explicación para determinado comportamiento. En el Capítulo IX veremos que el ser humano ve determinadas situaciones como con unas gafas tintadas de determinado color, cuando a menudo la situación, ó el hecho que nos molesta, no fue realmente como nosotros lo hemos percibido.

Capítulo VIII: Choques culturales

Los choques culturales son muchísimo más frecuentes de lo que se piensa, ya que también se dan a un nivel sencillo, básico, diario.

Cada organización tiene, además de la influencia de las seis leyes sistémicas comentadas, otro aspecto importante, y particular, que la diferencia de otras organizaciones (incluso del mismo sector, zona geográfica, tamaño e historia): su cultura grupal propia.

La cultura grupal es lo que determina qué está bien visto y qué no en cada organización. Así, en algunas, apretar a los proveedores y subcontratistas al máximo, e inflar las facturas al cliente está bien visto, y en otras no.

En algunas, la calidad del producto ó servicio final es realmente lo más valorado, y en otras, aunque se diga esto de puertas para afuera, lo realmente más importante es la rentabilidad del producto ó servicio, y en la realidad la calidad cae a un segundo ó tercer plano.

En algunas empresas de servicios la entrega en plazo es un valor cultural diferenciador, y se cumple a toda costa. En otras, la innovación del producto ó servicio pesa más que el entregar en plazo, ó que incluso su calidad.

Pero no hay culturas ó valores "buenos" ó "malos", mejores ó peores. Todos suelen tener una razón de ser, y han de ser respetados.

Entonces, ¿cuándo vienen los problemas? Cuando dos organizaciones, con distintas culturas grupales, han de colaborar. O cuando un individuo entra en determinada organización y actúa como si los valores que le funcionaron en organizaciones anteriores fueran los aceptados en ésta. O cuando una empresa de determinada cultura nacional desarrolla actividades en otro país ó región. Veamos estos casos.

Entre organizaciones

Pongamos que en determinado proyecto colabora una agencia de publicidad y una firma de consultoría. En las reuniones, los de la agencia de publicidad a menudo llegan tarde, y van vestidos con ropa de calle (algunos, incluso algo hippies). Los de la consultora siempre llegan en hora y van vestidos con traje. Y esto consciente ó inconscientemente comienza a generar ciertos rechazos.

En un estado avanzado del proyecto, los de la consultora empiezan a preocuparse por el calendario de entrega, y a tensionarse, mientras que los de la agencia no parecen muy preocupados por esto, pero sí por el enfoque poco innovador, poco llamativo, que está teniendo el proyecto. Y ahí ya surgen tensiones más importantes, que se manifiestan en largas conversaciones que no parecen llegar a ningún sitio. Puede que el proyecto termine como el rosario de la aurora, y unos y otros juren no volver a colaborar con la otra parte.

Y según tu propia cultura, querido lector, puede que seas más afín a los valores de la consultora ó a los de la agencia de publicidad. La realidad es que no hay valores mejores ó peores: simplemente son distintos.

Sólo que al comienzo del proyecto no se suelen establecer de manera clara los objetivos prioritarios y secundarios. Así, este problema se hubiera solucionado principalmente si alguien hubiera definido ó acordado inicialmente que, por ejemplo, la fecha de entrega (que es algo habitualmente clave en consultoras) no era tan importante como la innovación y la originalidad final del proyecto, ó viceversa. Ó pongamos que el ajustarse a determinado presupuesto ha de ser lo más prioritario...

En determinada organización es normal ir vestido con ropa de calle, mientras que en otra el traje es una segunda piel, y en ninguna de las dos el hábito hace al monje.

La clave, además de que las prioridades queden claras en todo proyecto, es respetar la cultura del otro, y no fijarnos en sus diferencias, sino en lo que aportan.

EJEMPLO 22. Dos firmas, A y B, de consultoría trabajan en un proyecto en consorcio. La empresa A es grande, tiene una compleja estructura y cadena de mando, y complicados procesos administrativos para la creación y seguimiento de un proyecto. Son muy formales, pero su rígida y compleja estructura les dificulta ser flexibles.

La empresa B es más pequeña, menos jerarquizada, y con menos formalismos internos. La entrega en plazo y calidad ha sido siempre su aspecto diferenciador, aunque suele planificar poco, reportar poco, y realizar poca gestión de aseguramiento de la calidad (este aspecto se suele hacer de manera espontánea, y con prisas, en las últimas fases del proyecto).

Durante la ejecución conjunta existen infinidad de tensiones y descoordinaciones, y en las últimas fases del proyecto la empresa B ve claro que no se podrá entregar en plazo. En base a su flexibilidad, propone una opción a la empresa A, para conseguir entregar en plazo y con calidad, que es impensable para ésta. Los Gerentes de ambas empresas tienen una tensa y larga reunión, donde ambos inicialmente se culpabilizan mutuamente de los problemas.

Caso 24

El cliente	Alto directivo en gran firma de seguros
El tema planteado	Se pretende realizar un prometedor proyecto, que podría ser muy rentable, y para el que sería necesaria la colaboración de determinada Caja de Ahorros. La propuesta inicial ha sido recibida tibiamente por parte del Gerente, y se quiere ver cómo presentar ó reenfocar el proyecto para que éste sea aprobado.
Solución	Trabajando con el cliente éste pudo ver que el principal factor bloqueante para el proyecto es que uno de los principales accionistas de la empresa es a su vez otra entidad financiera, que tuvo y tiene un importante

	rechazo a esa Caja (competidora).
	De ahí la tibieza del Gerente, y el probable rechazo ó veto en el Consejo al proyecto por parte de la entidad financiera socia. Y el directivo no tiene poder para siquiera intentar convencer a la entidad financiera, así que sería más eficiente rehacer el proyecto, para conseguir que no sea imprescindible la colaboración de esta Caja en particular, ó abandonarlo, y dedicar los esfuerzos en otra dirección.
Comentarios	Nótese otro caso de un proyecto interesante, rentable, y "bueno" por tanto para la organización, donde un socio bloquea ó rechaza su ejecución, por tensiones emocionales, por rivalidades históricas.

En operaciones internacionales ó trans-regionales

Cuando una organización opera en otro país, a menudo existe la tendencia, consciente ó inconscientemente, de creer que los empleados y directivos de ese país van a funcionar de la manera en que la central está acostumbrada. Como eso difícilmente ocurrirá, surgen los malentendidos, las frustraciones, y la falta de eficacia en los procesos.

Cada país, y muchas regiones dentro del propio país, tienen una cultura propia, social, que es distinta a la de otros países ó regiones. Los valores (puntualidad, ética, disciplina de trabajo...), motivaciones, prioridades, y estilo de dirección son distintos, y si éstos no son tenidos en cuenta y respetados, ocurrirán también desde malentendidos, hasta conflictos graves, ineficacias, pérdida de productividad...

Y claro que los gestores de la empresa "madre" en teoría son conscientes de esas diferencias culturales, pero sólo sobre el papel. En el día a día, visceralmente se tiende, por la presión de la situación ó por el motivo que sea, a imponer la manera propia de hacer las cosas, los valores propios, y es cuando se crean las tensiones e improductividades.

Sólo respetando realmente las diferencias culturales, podremos conseguir que las operaciones internacionales sean realmente exitosas.

Un ejemplo claro, y habitual, de los choques culturales son las innumerables empresas que envían, con poco ó ningún éxito a largo plazo, a gestores propios para dirigir sus operaciones en determinado país (Ej.: directivo alemán, de empresa alemana, operando en otro país). Muchas de estas empresas con el tiempo han tenido que rendirse a la evidencia, y contratar gestores locales, del país en cuestión. Y eso no elimina todos los problemas…simplemente los suaviza. Pero el tema de los choques culturales tiene muchísimas ramificaciones y situaciones.

Caso 25

El cliente	Conocido fabricante de automóviles, operando en un país de Latinoamérica
El tema planteado	El departamento de Innovación en la división productiva del país latinoamericano lleva dos años con un proceso de cambio, a todos los niveles, para crear una cultura más innovadora en la división.

Sin embargo, las decisiones que se acuerdan con los directivos de todos los niveles, realmente luego en la práctica no se implementan. Además, la calidad de producción está cayendo. Una responsable de ese departamento quiere ver cual puede ser el problema tras todo esto, y cómo solucionarlo.

Solución	Trabajando con la cliente ésta pudo ver que realmente, tras la idea de "cultura más innovadora" lo que se escondía era un cambio cultural pseudo impuesto, desde la empresa central a la división del país, para intentar que las cosas se hicieran a la manera de la empresa central.

La cultura del país latinoamericano, su manera de funcionar, era muy distinta, y aunque desde la mente los directivos y empleados entendían y aceptaban las nuevas consignas, en el día a día, bajo presión, les surgía espontáneamente su manera habitual de funcionar.

Además, como su manera espontánea chocaba con lo acordado por los distintos mandos jerárquicos, se creaban malentendidos, ineficiencias, descoordinaciones y bloqueos, que causaban la pérdida de calidad en producción.

Finalmente, también se denotaba una cierta arrogancia, ó falta de respeto a la realidad nacional, por parte de la central, y ésta era percibida por los empleados, con diversas consecuencias.

La solución fue aquí revisar esa "cultura innovadora", eliminar de la misma muchas formas de actuar de la empresa central, y respetar la cultura ya existente en la empresa antes de todo este proceso, su manera de hacer las cosas, sólo que añadiendo un pequeño "toque" cultural de la empresa central.

De insistir la central en la imposición de la nueva cultura, no sólo se perderá el dinero (2.000.000 Eur.) y esfuerzo que ya se perdió en los últimos dos años, sino también el que se perderá en los próximos.

Comentarios	Determinados enfoques de consultoría podrían recomendar determinadas acciones y trabajo para intentar conseguir ese cambio cultural (y tener al cliente satisfecho porque se está haciendo algo para conseguir sus objetivos), pero en nuestra experiencia, al menos de las maneras en las que se suele hacer, esto no reporta muchos resultados reales (aparte de a la propia consultora, por su facturación).

El choque cultural también ocurre en operaciones en distintas comunidades autónomas y provincias. Así, una empresa madrileña que opere en el País Vasco, una catalana que opere en Madrid, ó una vasca que opere en Andalucía, tendrá que tener en cuenta importantes diferencias culturales, y sobretodo respetar las distintas realidades culturales e históricas. Y en nuestro país hay una cantidad enorme tanto de empresas privadas como de organismos públicos que operan en muchas regiones.

Caso 26

El cliente	Asesor trabajando para la Delegación del Gobierno en determinada provincia española.
El tema planteado	Existen tensiones de base, y particularmente en determinados proyectos, entre la provincia y el gobierno de la Comunidad Autónoma.
Solución	Trabajando con el cliente éste pudo ver que realmente, aunque legalmente la provincia depende jerárquicamente de la Comunidad Autónoma, ésta es más leal al Gobierno Central.

Además, tiene una actitud de independencia, de nacionalismo provincial (ésta era más independiente antes de pasar a depender de la Comunidad Autónoma). Estas son las bases que crean las tensiones y conflictos.

La solución pasa por realizar un cambio de actitud, de reconocer y respetar la autoridad de la Comunidad Autónoma, y aparcar el sentimiento nacionalista regional.

Comentarios	Si hubiésemos trabajado con la Comunidad Autónoma, el mensaje hubiera sido el de reconocer la historia de esa provincia, respetar su realidad, tenerla más en cuenta a la hora de tomar decisiones, consultándola antes, y suavizar la manera en que la decisiones y cambios se transmiten a la provincia.

Pero en todo conflicto siempre hay dos partes de responsabilidad, que tendrán que realizar determinado cambio de actitud si se pretende eliminar el conflicto, y conseguir un funcionamiento relajado. Y a menudo sólo es una parte del conflicto la que nos contrata, así que le hacemos ver su parte de responsabilidad, y qué puede hacer ésta para aliviar ó solucionar el conflicto. La buena noticia es que a menudo sólo con que una de las partes realice un cambio de actitud, la otra lo nota, y la situación se relaja.

En fusiones y absorciones

El choque cultural en una fusión o absorción es muy evidente, y muy pocas veces se realiza una verdadera unificación de culturas, y valores. A veces, incluso los objetivos comunes no quedan del todo explicitados. Así, años tras la fusión, las culturas siguen claramente diferenciadas:

EJEMPLO 23. El Banco X surgió de la fusión (absorción real) de los Bancos Y y Z. Sin embargo, muchos años más tarde, los que pertenecían al Banco Y suelen criticar y echar culpas a los que venían del Z, y viceversa.

A menudo, esta falta de cohesión afecta a los proyectos de la entidad, y además se transmite directa ó indirectamente a los clientes. Asimismo, existen tensiones y envidias en cuanto a promociones y condiciones laborales por parte de los que vienen del Z, porque consideran que los del Y tienen un trato preferente en estos aspectos.

La realidad es que Y absorbió a Z. Por eso las distintas varas de medir a la hora de realizar ascensos, y en otras situaciones, porque la mayoría de la Alta Dirección viene predominantemente de la empresa Y.

Esto no es que sea una situación saludable ni recomendable, pero ocurre así.

Además, muy pocas son las verdaderas fusiones, aunque éste sea el mensaje que se difunda de puertas para afuera, ó incluso de puertas para adentro. A menudo, tras una supuesta fusión, hay una absorción más o menos encubierta. Suele ser una empresa la que lidera la fusión, y la que termina ostentando mayor grado de control sobre la nueva organización agrupada.

Algunos gestores piensan que, aunque hayan distintas culturas a integrar, la integración es inmediata. Otros piensan que este tema tampoco es tan crítico, ya que lo principal es la ejecución de la Gestión diaria, y la consecución de resultados.

Pues bien, los choques culturales derivados de una fusión/absorción "en Balance", pero no en culturas, tendrán un impacto, a veces muy relevante, en los resultados económicos de la organización: por descoordinaciones, diferencia de enfoques, tensiones, malentendidos, rotación de personal, y problemas de mala imagen cara al cliente final.

La recomendación en fusiones y absorciones es que la cúpula Directiva acuerde los "valores", "cultura", ó como se quiera denominar, de la nueva organización, y se asegure de que toda la plantilla lo conoce, lo entiende, y lo sigue. Pero estos valores no pueden ser una declaración de intenciones, ó algo políticamente correcto. Deben reflejar la realidad de la cultura (tanto con sus aspectos "positivos" como "negativos"), particularizada a ejemplos cotidianos, en el día a día, de la organización.

Ésta cultura será en la mayoría de casos, idéntica ó muy similar, a la de la empresa que absorbe a la otra. La realidad es que las culturas no se cambian de la noche a la mañana. Por eso la continuidad de la cultura de la empresa absorbente.

Sin embargo, en otras ocasiones concretas, se puede mantener la cultura de la empresa absorbida, siempre que queden claros los mecanismos de coordinación con la empresa absorbente. Es éste el ejemplo de una empresa absorbida que opera en una zona geográfica distinta de la de la empresa absorbente, con a menudo distinta área de negocio, y con poca interactuación diaria con la empresa absorbente, salvo el reporting periódico, y poco más.

En individuos

Todo individuo lleva además consigo, incorporada, su cultura familiar, nacional, política y religiosa, y a veces ésta choca con la de la organización, sobretodo en cuanto a los valores y principios que aprendió de su familia, y que son innatos en él.

Estos choques culturales por el bagaje familiar de la persona son menos frecuentes, y a menudo menos graves que los expuestos en puntos anteriores, pero tampoco hemos de perderlos de vista.

Así, determinada persona entenderá la puntualidad como algo básico, mientras que otra no. Otra persona no tendrá ningún escrúpulo a la hora de realizar comportamientos no éticos, mientras que a otra, le costará más, y le creará tensión, aunque le venga quizás impuesto por sus superiores (apretar excesivamente a proveedores, inflar las facturas al cliente…). Una tercera persona será incapaz de mentir, mientras que para otras la mentira será una manera natural de supervivencia…

Por otro lado, a menudo, la persona también trae incorporada la cultura de la organización en la que estuvo anteriormente (y si estuvo en varias, de aquella a la que se sintiera más apegado, ó en la que haya estado más tiempo). Esa cultura choca también a menudo con la existente en su organización actual. Y esta situación es mucho más frecuente que la de choques por cultura familiar.

Así, una persona que provenga de una organización donde lo habitual es un estilo de dirección impositiva, autoritaria, tenderá a realizarlo en la nueva, donde quizás ese no sea el estilo, y viceversa. Otra persona que provenga de una organización donde lo más importante es la rentabilidad ó las ventas inmediatas, a toda costa, tenderá también a realizarlo en la nueva, donde quizás el mantenimiento del cliente prime sobre la rentabilidad ó ventas a corto.

La persona que se incorpora en una organización ha de "sacar la antena" y darse cuenta de cuál es el estilo y los valores aceptados en ésta, y cuales no. Sin embargo, hay personas que no tienen "la antena bien calibrada", y es cuando surgen los conflictos y malentendidos.

La solución es que la nueva empresa transmita claramente sus verdaderos valores y maneras de actuar (a menudo no los que presenta cara al cliente, sino los reales). Pero muchas veces esto no se hace claramente, y de ahí los problemas.

Un ejemplo de las manifestaciones superficiales de distintas culturas: hay organizaciones donde lo normal es que a las 19h a todos se les "caiga el boli", mientras que en otras lo que está bien visto es quedarse más horas de lo contractualmente establecido; es una manera de "ganar puntos". ¿Y qué pasará si una persona que provenga de cualquiera de las dos opciones entra en una organización de filosofía opuesta, si no es capaz de darse cuenta de su realidad?

EJEMPLO 24. En determinada empresa se potenciaba la socialización del personal y su cohesión, más allá de lo habitual: cada departamento tomaba vinos juntos cada día tras el trabajo, y se organizaban multitud actividades lúdicas conjuntas.

Sin embargo, el recién incorporado Domínguez nunca se unía al grupo (él pensaba que eran actividades optativas, y tenía mejores cosas que hacer).

Al cabo de unas semanas, existía cierto sutil rechazo y aislamiento profesional hacia él por parte de sus compañeros y superiores, y en la colaboración del día a día surgían ciertas tensiones y falta de cooperación, que afectaron a un proyecto.

Domínguez fue despedido a los pocos meses.

Capítulo IX: Otros comportamientos inconscientes en las personas

Nos pasamos la mitad de la vida en el trabajo…así que si queremos tener una existencia laboral feliz, sería bueno encarar determinadas situaciones y conflictos de otra manera.

La mayoría de los problemas tanto humanos como de Gestión en organizaciones vienen, como hemos dicho, de la violación de alguno de los principios sistémicos expuestos en los capítulos anteriores. Sin embargo, existen otros comportamientos y tendencias que también crean sus tensiones.

Éstas suelen tener menor repercusión organizacional, y son menos graves para la consecución de resultados, supervivencia, y éxito de una organización, pero también afectan en el clima laboral del día a día.

Por tanto, más que como gestores, como simples miembros de una organización, es bueno entender algunos de los comportamientos nocivos de algunas personas. Simplemente porque entendiéndoles, y entendiendo por qué éstas personas son así (y no pueden ser de otra manera), nos tomemos de manera menos personal esos comportamientos. Así, éstos nos afectarán menos, y podremos tener una existencia profesional más tranquila.

Todos los comportamientos que veremos a continuación son inherentes a muchas personas, y la mayoría son también sistémicos, aunque provenientes del sistema familiar y social. Vienen incorporados en su personalidad por la familia y situación en la que se criaron, y han acompañado a la persona toda su vida.

Así que si ves reflejado, querido lector, a algún compañero en alguno ó varios de los siguientes puntos, no creas que va a cambiar. Sólo el coaching ó la psicoterapia voluntarios pueden hacer, si la persona está realmente comprometida a ello, que alguien cambie sus comportamientos, y no siempre se consigue.

Desafortunadamente son pocas las personas que son conscientes de tener éstos u otros comportamientos nocivos, muchas menos las que siendo conscientes de ello piden ayuda externa para solucionarlo, y menos todavía las que los consiguen modificar de manera perenne en sus vidas.

Pero nadie es un "bicho raro", ó menos válido, por tener estos comportamientos. La realidad es que todos tenemos, en mayor ó menor medida, la mayoría de estos comportamientos que ahora veremos, sólo que en algunas personas es más acusado.

… Y también es mucho más fácil ver la paja en el ojo ajeno.

Espero que entender estos comportamientos pueda ayudarte, querido lector, a entender a muchas personas, a entenderte más, a aceptarte, y aceptarles más.

…quien esté libre de pecado, que tire la primera piedra.

La proyección

Todos proyectamos, y muy a menudo, por cierto. La proyección es ver en el otro lo que en realidad es nuestro.

Una manera de proyectar es creer que el otro hace ó dice determinadas cosas porque nos tiene mal vistos, para herirnos, para engañarnos, para manipularnos, para atacarnos… cuando en realidad no es así, sólo que uno es más susceptible a determinadas cosas porque alguien en el pasado nos trató así (de pequeños, de adolescentes, ó incluso de adultos). El otro no tiene necesariamente nada personal contra nosotros. Es uno mismo el que lo interpreta así.

Otra manera de proyectar es ver cosas en los demás que no nos gustan nada (la arrogancia, la queja, el miedo, la debilidad…) cuando en realidad lo que ocurre es que ese comportamiento nos resuena con una parte nuestra que no queremos en absoluto ver ó reconocer (la arrogancia, la queja, el miedo, la debilidad…).

Finalmente, otra manera es ver en otros reflejadas a personas de nuestra familia (padre, madre, hermanos…) ó de nuestro pasado (personas que marcaron nuestra infancia, adolescencia, ó incluso algún jefe, amigo, ó colega profesional de adulto).

Así, asociamos inconscientemente a determinada persona las características de aquel a quien nos recuerda (ese jefe que nos trató mal, ese amigo de la infancia al que quisimos tanto, ese padre que fue tan estricto con nosotros, esa madre que nos cuidó tanto, ese hermano con el que siempre nos peleamos, ese colega de trabajo que tanto daño nos hizo…), y desarrollamos la reacción automática que tendríamos hacia la persona proyectada (el amigo, el enemigo, el padre…)

EJEMPLO 25. La secretaria del Sr. Galindo dice que ya no puede más. Quiere abandonar la organización, y está pensando en acusar formalmente al Sr. Galindo de mobbing. La gota que colmó el vaso fue la severa reprimenda, muy subida de tono y abusiva, según ella, que el otro día le propinó.

La realidad, en este caso particular, es que el Sr. Galindo simplemente le dijo, en tono enfadado y dando un golpe en la mesa, pero sin entrar en lo personal, ni descalificar, ni nada por el estilo, que había vuelto a traspapelar su Agenda, que era ya la tercera vez que pasaba en el mismo mes, y que eso no podía seguir así. Hubo una persona que escuchó el incidente, y coincide en que eso fue así.

Esta mujer, sin embargo, estalló en lágrimas, se fue a su casa, y al día siguiente informó a Recursos Humanos de su baja, y de que estaba considerando una denuncia.

> *…la realidad en este caso es que ella proyectaba a su padre en el Sr. Galindo. Su padre era muy severo. La castigaba y le gritaba constantemente, y le pegaba a menudo. La situación con el Sr. Galindo le hizo revivir la escena, de manera inconsciente.*

A menudo, dentro de la misma organización solemos proyectar al padre, a la madre, a algún hermano, a alguna persona significativa (en positivo ó en negativo) de nuestro pasado…

Es también la proyección, en un grado leve, lo que hace a veces que determinadas personas instantáneamente nos "caigan bien" ó nos "caigan mal".

A nivel exclusivamente empresarial, además de las proyecciones con colegas, subordinados y superiores, también podemos tener un buen ó mal "feeling" instantáneo con un cliente, un proveedor, una empresa colaboradora. Puede que incluso sin conocerlos, el perfil tipo de, pongamos, determinado proveedor, ya no nos cuadre, porque en el pasado tuvimos una mala experiencia con un proveedor de perfil similar (aunque en realidad no tenga nada que ver uno con otro). Y donde digo proveedor, la palabra se puede substituir por muchas otras.

El tinte de tus gafas

Todos vemos la realidad de determinado "color", distinto en cada uno, y que casi nunca es neutro. Nuestro condicionamiento familiar, social, y profesional hace que seamos más sensibles a determinados comportamientos y situaciones, distintos en cada uno.

Es como llevar unas gafas tintadas de determinado color. Y donde una persona puede ver una situación muy grave, otra no tanto; donde una puede ver un abuso de poder, otra no; donde una puede ver un ataque claro contra su persona, otra no; donde una puede ver un "marrón", otra puede ver un reto ó una oportunidad; donde una puede ver el vaso medio lleno, otra medio vacío, etcétera, etcétera.

EJEMPLO 26. El Sr. Pons llama a su despacho a dos subordinados: Ángel y Luis. Les "lee la cartilla" sobre una situación provocada por ellos que no puede volver a repetirse.

Al salir, Ángel no deja de repetir que "ya le vale", "se ha pasado", "mira que siempre la toma con nosotros"... Luis se encoje de hombros.

No dice nada, pero para él, es normal que en su labor de jefe, les haya dicho eso. Efectivamente, cometieron un error grave para la imagen de la empresa.

La manipulación, la necesidad de control, y el estrés

La manipulación consiste en conseguir, mediante diversas estrategias, que el otro haga algo que por propia iniciativa no haría. Y es algo a veces sutil, muy sutil.

Hay personas que manipulan desde la seducción: una mujer atractiva le dice a un compañero "venga, Manolo, ¿no harías eso por mí?".

Otros manipulan provocando penita "si no me ayudas no sé qué voy a hacer", "es que no puedo yo solo", "mira que me van a despedir…". Y otros desde el comercio: "si haces eso por mí, sabré como recompensártelo", "si haces eso, seguro que la Dirección te verá con mejores ojos cara a un posible ascenso".

Pero no son los únicos casos. Hay infinidad de estrategias de manipulación, pero todas tienen en común que al final, la persona que cae en la manipulación, se encuentra haciendo cosas que realmente no le apetecen, ó que por él mismo no haría.

Otras opciones son la manipulación desde el miedo: "si esto no lo terminamos esta semana, seguro que rodarán cabezas", y desde el chantaje: "tranquilo que por mí no se enterarán de eso… por cierto, ¿puedes ayudarme con esto…?"

Otra opción, mucho más evidente, es la manipulación desde el consejo ó la orden directa entre iguales (gente que no es jerárquicamente superior): "lo que tendrías que hacer es…", "no puedes hacer eso", "debes hacer aquello", "no deberías hacer esto",…

Las personas manipuladoras llevan toda la vida siéndolo, así que han perfeccionado mucho sus estrategias de manipulación. Tanto, que la "víctima" no llega a darse cuenta en la mayoría de casos de que ha caído en la trampa (los ejemplos anteriores son demasiado obvios; la realidad es mucho más sutil).

El tema es que la persona manipuladora a menudo consigue lo que quiere…durante un tiempo. La mayoría de las personas manipuladas termina por darse cuenta, y el desequilibrio entre dar y recibir acaba notándose (el manipulador casi nunca da nada: sólo toma, consigue lo que quiere).

Una versión mucho más *light* e inofensiva, pero muy extendida de la manipulación, es la típica persona que anima a otros a que se presenten voluntarios para algo, a que paguen la ronda, a que se apunten a determinado proyecto ó actividad lúdica…

Y claro que la persona acostumbrada a manipular tendrá muchas explicaciones de por qué lo hace, de por qué eso no es manipulación, de por qué lo que hace está bien… pero en el fondo, esta conducta es irrespetuosa para con el otro. Si el otro, que es una persona adulta, quisiera hacer voluntariamente determinada cosa, ya la haría, y si no la hace, uno ha de respetarlo. Si quiere consejo, lo pedirá, pero si no lo pide, es irrespetuoso dárselo.

A menudo entendemos que el otro "necesita ayuda, un empujoncito". Si uno piensa eso, puede creer que lo hace "por ayudarle", "por su bien", y a un nivel consciente uno puede pensar que lo hace por motivos altruistas y bondadosos. Pero casi siempre en el inconsciente hay un sentimiento de considerarse un poco "mejor", "más listo" que el otro. Ese ponerse por encima del otro es lo que no es respetuoso.

A menudo, tras un comportamiento manipulador está la necesidad de control de las situaciones. Y la necesidad de control es una estrategia, como otra cualquiera, que surge en el niño ante el miedo a lo desconocido, a lo que le podría ocurrir a uno si no controla todo en todo momento, y esta tendencia se perpetúa de adulto.

Desafortunadamente, la realidad es que la Vida, *per se*, no se puede controlar. Y antes ó después ocurrirán situaciones inesperadas. La ilusión de control es sólo eso: una ilusión.

La infinidad de factores que afectan a cualquier situación (profesional ó personal) hace que el resultado final dependa poco (sobretodo en lo personal) de lo que hayamos intentado controlar. Y quizás inspirado por determinadas corrientes terapéuticas fue por lo que John Lennon, de los Beatles, pronunció la famosa frase *"La vida es aquello que te va sucediendo mientras tú te empeñas en hacer otros planes"*.

Además, intentar controlarlo todo cansa mucho, y la persona que lo lleva al extremo termina con una situación de *estrés*, de cansancio general, ó de depresión. Sobretodo si la Vida se encarga de demostrarle este principio de incontrolabilidad de manera traumática.

Por cierto, el *estrés* es lo que ocurre cuando algo en tu mente intenta abarcar más de lo que puede, y algo en tu interior sabe que no puede abarcar tanto. Por eso se crea la sensación de *estrés*.

Y la solución es muy sencilla: mira qué estás intentando abarcar de más, y a qué deberías renunciar (a un puesto de trabajo que te exige demasiado; a una autoexigencia laboral ó personal que viene de una actitud personal, no demandada por tus jefes; a querer demostrar algo, a los demás ó a ti mismo, a querer conseguir más dinero ó poder del que realmente necesitas…).

No asumir la propia responsabilidad

Asumir la propia responsabilidad por las decisiones tomadas, ó por las acciones realizadas, es algo que no está de moda. No es un valor que se enseñe mucho en esta sociedad. Más bien al contrario: ante cualquier problema, la tendencia habitual de muchos es buscar responsables fuera.

Incluso en las situaciones donde puede parecer evidente que al menos cierta parte de responsabilidad nos toca, lo automático en muchas personas es echar culpas fuera: "si Peláez no hubiese hecho eso…", "Si Gutiérrez me hubiese ayudado…", "es que yo no sabía que…", "es que la idea ya era mala de por sí…", "es que eso viene ya mal desde la Central…".

Claro que muchos, en algún momento, intentamos echar culpas fuera. Lo que genera más tensiones (sobretodo en los superiores, pero también en algún compañero) es cuando ese comportamiento se aplica constantemente. Aquella persona que actúa desde una actitud de "todos tienen la culpa, menos yo".

Una variación de no asumir la propia responsabilidad es no ser consecuente. Uno toma determinada decisión, aceptando el contexto de esa situación, pero más tarde culpabiliza a otros de haberlo aceptado, ó de las consecuencias de haberlo aceptado. Un ejemplo:

EJEMPLO 27. Una persona que estaba en paro acepta un puesto en determinada organización, conociendo las grandes exigencias del puesto, y el bajo salario.

Tiempo más tarde comienza a quejarse de que se le pide demasiado, de la naturaleza de las tareas, del bajo salario, etc., y manifiesta un comportamiento de clara insatisfacción, y de crítica a sus jefes en charlas con otros compañeros. Ni siquiera piensa conscientemente que podría perfectamente abandonar el puesto, si no le satisface. Pero es más fácil quejarse y criticar.

No se da cuenta de que aceptó las características del puesto, que no le fueron ocultadas en la entrevista de selección. No quiere recordar que necesitaba, y necesita, el empleo, y por eso no piensa siquiera en irse, y no agradece la oportunidad que le ha dado la organización.

Detrás de este comportamiento hay motivos, (por su educación, por las vivencias de niño que conformaron su carácter, etc.), para que la persona sea así. Aprendió esa actitud. No lo hace de mala fe: son los valores y actitudes que le fueron inconscientemente transmitidos por sus padres, educadores y entorno, ó que desarrolló de niño para adaptarse al mismo.

Desborde emocional

No se nos ha enseñado a conocer y gestionar nuestras emociones. Muchas son consideradas como "feas" ó "a eliminar", y se nos enseña a ocultarlas, taparlas, y hacer como que no existen, ya desde niños. No se nos enseña ni a reconocerlas, ni a gestionarlas adecuadamente. Podríamos hablar largo y tendido de este tema, pero circunscribiendo el tema al mundo laboral, podemos comentar diversos puntos.

El desborde emocional en un entorno laboral es cuando determinada emoción "nos sobrepasa", y no podemos por más que manifestarla. Aunque en casos de desborde, casi nunca está causada, en lo profundo, por algo laboral.

Al entorno laboral llevamos nuestra manera de ser. Y esa manera de ser, que casi nunca sabe gestionar adecuadamente las emociones, "arrastra" un peso considerable de emociones no gestionadas de nuestra vida personal. Así, temores, enfados, y tristeza causadas en la vida personal (y no sólo en el momento actual, sino algunas que nos acompañan desde hace años) nos acompañan en nuestra vida laboral. Y no hace falta más que un pequeño detonante para que explotemos.

El detonante es laboral, la respuesta de la persona es laboral, y casi siempre la persona que explota cree que su emoción (enfado, tristeza, sentimiento de no ser valorado, ataque de ira…) está provocada por un hecho laboral. Pero la realidad es que el hecho laboral sólo es el detonante a algo que venía cociéndose de antes.

Así, una persona de naturaleza irascible, por temas psicológicos no resueltos en su vida, aprovechará cualquier situación laboral para gritar y dar un puñetazo contra la mesa. Otra persona, con un duelo no realizado por la pérdida de un ser querido (incluso hace muchos años) ó por un divorcio, ó con un conflicto de pareja ó con los hijos, puede también volcar en lo laboral su tristeza, frustración, ó enfado.

En el mundo laboral pocas son las situaciones que realmente justificarían una elevada emocionalidad (con manifestaciones visibles). Por ejemplo, un enfado (no un ataque de ira) por haber sido maltratado emocionalmente por un colega ó superior (insultos, faltar al respeto, acoso, acciones denigrantes...); tristeza por enterarte que un compañero ha muerto; y pocas situaciones más.

El resto no son tan graves *per se* como para desbordar a alguien emocionalmente (tanto en la ira como en el dolimiento). Así que si uno se desborda, hay que mirar las causas en algo personal, y no en el hecho laboral que supuestamente lo provocó (ver Ejemplo 25, anteriormente expuesto).

Finalmente, no saber gestionar las emociones a menudo nos lleva a ser rehén de ellas.

Esos ataques emocionales, incontrolables para uno, nos hacen hacer y decir cosas de las que a menudo nos arrepentimos, pero que no se pueden cambiar. Eso es ser rehén de una reacción interna, no trabajada mediante terapia. Y además el otro suele saber qué tecla tocar para conseguir determinada reacción, así que esa persona se encuentra bastante a merced de los demás.

La envidia

La envidia tiene distintas raíces, aunque dos afloran más en el entorno laboral. La primera es una carencia personal de reconocimiento (inconsciente). Esa carencia de reconocimiento (sobretodo en la persona de naturaleza envidiosa) suele ser personal: una carencia de reconocimiento como ser humano, ó una falta de autoestima, que suele venir de la infancia.

En esos casos, a veces simplemente demostrar reconocimiento a la persona por su valía, su aportación, ó alguna cualidad (algún comentario de aprecio ó reconocimiento de vez en cuando) puede ayudar mucho.

Cuando la persona no es inherentemente envidiosa, sino que manifiesta envidia ante una situación laboral puntual, ésta puede deberse a la ley del equilibrio entre dar y recibir, que comentamos en capítulos anteriores: la persona ve que a otros se les da algo (ascenso, subida salarial, vacaciones, regalos, etc.) que a él no, cuando él cree aportar lo mismo a la organización que el otro. A veces será efectivamente así, y a veces no. Será el superior quien tendrá que calibrar si se ha cometido algún agravio comparativo ó no.

La ansiedad y el estrés

Una de las emociones socialmente mal vistas es el miedo. Nos han enseñado que el miedo es algo negativo, y de débiles.

Realmente el miedo simplemente es un mecanismo interno que nos alerta ante situaciones que podrían desembocar en algún daño (personal, ó profesional). Y como la palabra miedo no está bien vista, a menudo usamos la palabra "ansiedad".

Cuando uno sabe internamente que está abarcando más de lo que puede, a menudo surge la sensación de que uno "no va a poder conseguirlo", y que podrían ocurrir cosas negativas (proyecto que se cae, no obtener ese ascenso que uno cree necesitar, que le despidan a uno, que le deje la pareja...). Eso es miedo, pero le llamamos ansiedad, ó estrés.

El verdadero estrés es cuando esa situación se agrava, la persona realiza mucho más de lo que puede abarcar, y la tensión interna provoca cansancio mental, no poder dormir (cosa que agrava la situación), e incluso trastornos de la salud.

La solución suele ser dejar aquello que uno no puede abarcar. Sólo que a menudo no sabemos identificar qué es, ó creemos que no podremos dejarlo (un puesto de "éxito" en una empresa, ese proyecto personal que nos requiere muchas horas y quebraderos de cabeza...).

La arrogancia

El clamidosaurio de King es un pequeño lagarto que tiene una corola alrededor del cuello que despliega en situaciones de tensión para parecer más grande, al tiempo que bravucona abriendo sus mandíbulas. Intenta parecer más grande y peligroso de lo que es, pero si el contrario no se siente amenazado, huye rápidamente para esconderse detrás del árbol más cercano. Porque sabe que realmente no es tan grande, ni tan peligroso.

La arrogancia tiene su raíz en un profundo y escondido sentimiento de inferioridad, y para contrarrestarlo, a ojos de uno mismo y a ojos de los demás, se bravuconea. Para dejar claro lo bueno que uno es…no vaya a ser que alguien se de cuenta de que realmente no soy tan bueno.

El problema es que la arrogancia no suele causar buena impresión, ni facilita la interactuación con los demás. Sin embargo, el arrogante cree justo lo contrario: que le aceptarán y acogerán por su gran valía. Puede que algunos, con aún menos autoestima, se arrimen a la sombra de un arrogante, pero antes ó después descubrirán que esa sombra es mucho más pequeña de lo que parecía.

La arrogancia es otra característica muy difícil de cambiar en una persona (a menos que ella misma decida trabajárselo), así que el consejo es entender qué hay debajo (situaciones en la niñez, a menudo, que provocan falta de autoestima), y aceptar a la persona tal y como es. No sabe ser de otra manera, y sólo busca un poco de reconocimiento.

Otra situación es cuando el arrogante nos resuena con una arrogancia nuestra, que no queremos ver ó reconocer, y atacamos al arrogante externo de la misma manera que siempre hemos atacado la arrogancia interna. Dos arrogancias colisionan, y se crea el conflicto.

El autoritarismo

El autoritarismo es una estrategia de manipulación (aspecto éste último que ya hemos visto). Como otras, pretende conseguir que los demás hagan lo que uno quiere, para "tener todo controlado". Sólo que la estrategia no es nada sutil, sino directa, dura.

El "yo ordeno y mando" es la manera más "sencilla" de conseguir que los demás hagan lo que uno quiere (si son subordinados). Sólo que el autoritarismo en Directivos suele tener muchos efectos secundarios: conflictos, rechazos, boicots, mal clima laboral, absentismo, zancadillas, venganzas, y alta rotación laboral.

En el próximo capítulo veremos la diferencia entre autoritarismo y verdadera autoridad. En el primer caso uno, desde una posición de poder, puede aplicar éste por la fuerza, aunque no tenga el reconocimiento como líder de sus subordinados, y por ende ocurran los efectos secundarios que hemos comentado. La verdadera autoridad se gana en el día a día, y te la dan tus subordinados.

La base del autoritarismo es la necesidad de control, que a su vez en el mundo laboral se enraíza en una falta de confianza en los subordinados, y un inconsciente miedo personal a lo no controlable.

La empatía

La empatía, en síntesis, es la capacidad de ponerse en la piel del otro. Y parece sencillo, pero la empatía es una capacidad muy escasa en nuestras organizaciones, y en nuestra sociedad.

Ante determinada situación, pocos son los que se ponen en la piel del otro, para entender cómo vive esa situación ó cómo la vivirá cuando ocurra. Y ante determinada decisión laboral, pocos se ponen antes en la piel de sus subordinados para entender cómo reaccionarán.

La empatía se usa más en marketing y ventas, donde algunos comerciales consiguen a veces ponerse en la piel del cliente, pero no todos, y no siempre.

Infinidad de no sólo problemas humanos en organizaciones, sino también problemas de Gestión, se podrían subsanar si los implicados desarrollaran su empatía. Afortunadamente, ya se está poniendo algo de moda la exploración de la empatía, y de su hermana, la Inteligencia Emocional, algo muy similar, si no lo mismo.

Son muy habituales en organizaciones las personas con poca ó ninguna empatía, sin Inteligencia Emocional, que interactúan con colegas, subordinados, clientes, y colaboradores sin pararse a pensar en la realidad del otro, sus circunstancias, y cómo debe de estar viviendo determinada situación.

Capítulo X: Cómo dirigir personas

A lo largo de mi experiencia en el trabajo con organizaciones, y con las leyes sistémicas que explican casi todas las situaciones problemáticas que me he encontrado, tanto con grandes y pequeñas organizaciones, y tanto con empresas como con organizaciones públicas, he llegado a extraer una serie de principios, basados en las leyes sistémicas, que pueden ser muy útiles a la hora de gestionar personas.

Conforman los principios del buen Directivo, desde mi punto de vista sistémico. No pretende ser un compendio exhaustivo de capacidades ó métodos, sino que se focaliza en los aspectos que no se enseñan en los centros educativos, y que más influyen en la realidad de lo que conforma un buen y un mal Directivo.

Si los Directivos de nuestras organizaciones, desde el más alto al más bajo Directivo, los aplicaran, se evitarían infinidad de situaciones indeseables, amén de conseguir equipos y organizaciones más productivas, más efectivas, y más rentables.

Estos principios se fundamentan en todo lo explicado a lo largo de los capítulos anteriores, así que una lectura aislada de este capítulo, sin tener en cuenta lo dicho anteriormente, resultará ambigua, no clara, y superficial, ya que daré por entendidas explicaciones ya vistas.

Paso a exponerlos.

Actitud de Servicio y prioridades

A menudo la persona que es ascendida, vive ese ascenso como un premio. Se fija en el aumento salarial, y en la subida de status dentro de la organización. Claro que la frase común es decirle que "ahora vas a ascender a un puesto de mayor responsabilidad", pero esas últimas palabras "de mayor responsabilidad" no suelen calar tanto en la persona, como, por ejemplo, el aumento salarial.

Sin embargo, un Directivo realmente tiene más responsabilidad, mucha más responsabilidad, y unas atribuciones que a menudo se obvian ó no se asumen.

La función de dirección es un acto de servicio a la organización. Y el Directivo debe estar al servicio, por este orden, de:

1. Los objetivos y resultados de la organización, y de su área de competencia
2. Sus subordinados

Ambos aspectos pueden y deben ser cubiertos. Pero en caso de conflicto de intereses entre estos dos puntos, el primero tiene prevalencia.

Estar al servicio del bien de la organización implica hacer lo que uno honestamente considere mejor para ésta, ó para el área de su competencia particular, en el caso que ésta no choque con el interés de la organización. Si choca, ha de prevalecer el interés general de la organización (véase el caso hipotético de una decisión que mejorará los resultados de tu departamento, pero afectando negativamente a los intereses de la organización).

La organización te ha puesto en ese cargo, querido Directivo, para que hagas algo útil para ella, para que le ayudes a progresar, crecer, ó simplemente sobrevivir, y por eso te remunera. De las acciones (u omisiones) del Directivo dependerá, en mayor medida que la de tus subordinados, el resultado de la organización. Por eso el Directivo gana más.

Sin embargo, estas cosas que pueden parecer ya superadas para algunos, realmente no se aplican. No hablo aquí de la teoría, sino de la práctica.

Uno puede decir que toma determinada decisión por el bien de la organización (hablar es fácil). Uno puede hasta intentar convencerse de que el motivo es ese, pero muy, muy, muy a menudo la verdadera motivación es otra, menos limpia, más personal, más emocional.

EJEMPLO 28. Determinado bajo Directivo recibe la directriz desde arriba de que, por la reestructuración de la empresa, donde se pretende aligerar estructura y ahorrar costes, todos los

Departamentos han de repensar su actividad, y ver si ésta se puede reestructurar, y eliminar algo de personal.

Mientras que a otros Directivos les cuesta decidir cómo hacerlo, y qué subordinado es más prescindible, él realiza una reestructuración en su departamento algo forzada, donde el que "sobra" es Gutiérrez.

La realidad es que desde que él llegó a este puesto directivo, nunca había aceptado a Gutiérrez. Algo en él no le gustaba nada. Y Gutiérrez hacía suficientemente bien su trabajo, pero no le gustaba su actitud, y aún recuerda aquel enfrentamiento que tuvo con él.

Así que cuando se deshace de él, se siente aliviado, contento. La realidad es que objetivamente habían otras personas más prescindibles, pero el criterio personal primó sobre los verdaderos intereses de la organización.

Quizás este Directivo consiguió autoconvencerse de que era lo mejor para la empresa, ó quizás se dio cuenta de dónde venía su satisfacción al conseguir quitárselo de encima.

Otras veces uno puede sentirse tentado a tomar decisiones que pueden ser lucrativas ó supuestamente beneficiosas en el cortísimo plazo, pero que uno sabe que serán negativas a largo plazo. A menos que tu superior sea consciente de las consecuencias negativas, y aún así elija el beneficio cortoplacista, uno no debería optar por el camino que, en el cómputo global a largo plazo, perjudique, más que ayude.

En cuanto al segundo punto, estar al servicio de los subordinados, no nos referimos aquí a un mensaje "políticamente correcto", como se da a entender en algunos lugares, sino a realmente entender que la función de un timonel de remo no sólo es marcar el rumbo, sino asegurarse la coordinación y buen trabajo de cada individuo, facilitarle la labor, ver cuando uno está remando más lento y animarle, etc.

Usando la simbología del futbol, la labor de un entrenador no es sólo conseguir que su equipo gane partidos hoy, sino que cada miembro de su equipo esté satisfecho, coordinado, y se sienta cuidado por su "Mister". Con eso, está asegurando los buenos resultados para toda la temporada, y no sólo para este partido, amén de conseguir que sea más probable que la Directiva no le substituya la temporada siguiente.

Seguro que estos ejemplos simbólicos no son perfectos, porque la realidad de un Directivo en una organización es, además detectar y resolver problemas de ejecución en cualquier subordinado, apoyar, corregir, ayudar, desarrollar capacidades y, en definitiva, cuidar a sus subordinados.

Puede, por ejemplo, que un subordinado necesite una mañana libre para atender un urgente tema personal. Si la necesidad es real, y el Directivo lo concede, esa persona se sentirá cuidada.

Puede que una persona tenga dificultades con determinada labor, si el Directivo habla cordialmente con él, y le ofrece realizar un curso formativo pagado por la empresa para realizar mejor esa tarea, eso también es cuidar al empleado.

Si tras entregar exitosamente un proyecto donde la gente ha trabajado más de lo contractualmente exigido, el Directivo les da la tarde libre, eso también es cuidarles. Si por un resultado extraordinario de su equipo, el Directivo les consigue un Bono, un regalo, ó una cena pagada por la empresa, eso también es cuidarles.

Si un subordinado tiene problemas personales con determinado compañero, ó se frustra con determinada tarea ó resultado, y el Directivo tiene una amigable conversación con él, de apoyo, de refuerzo, ó de aclaración de la realidad, eso también se valora.

Y cada Directivo sabrá qué medidas puede realizar, y en caso de duda pedir aprobación a sus superiores.

Todo esto no se hace simplemente porque venga en un manual. El resultado de este estilo de liderazgo es un equipo que funciona mucho mejor, a todos los niveles, que otro. Este equipo tendrá más confianza en su jefe, por su neutralidad, imparcialidad, y actitud de servicio a la organización y a ellos, y porque que les apoyará en situaciones tensas. Este equipo en general obtendrá resultados que antes ó después serán percibidos por la Alta Dirección.

Nótese que en esta lista de dos puntos (servicio a los objetivos de la organización, y a los subordinados) no están incluidos los intereses particulares del Directivo (escalar en la organización, "vivir tranquilo", hacer amigos, cargar contra un subordinado las propias insatisfacciones emocionales…).

El prototipo de "Directivo exitoso", que escala rápidamente posiciones, que consigue sólo resultados cortoplacistas, que cultiva las amistades necesarias para subir en la jerarquía, y que hace lo que sea (a menudo pisar a otros) para conseguir su meta, no es un buen Directivo.

Pero eso es lo que se nos vende en las películas, y en los medios de comunicación en general. Hay muchas noticias en la prensa, actual y pasada, sobre Directivos así.

Interfaz

El Directivo es el nexo de unión entre sus superiores y sus subordinados. Es por tanto el responsable de transmitir, hacia abajo, las directrices que le vienen de arriba, y de reportar hacia arriba tanto la evolución de su equipo y resultados, como también las necesidades, problemas, ó decisiones que requieran una aprobación superior (otras, obviamente, deberá gestionarlas él).

Pero como nexo, hay un aspecto importantísimo que también ha de tener en cuenta: ser el nexo entre los intereses de la organización y los particulares de sus subordinados.

Ello no quiere decir que las tareas u objetivos de trabajo sean negociables. Los objetivos, procesos, y metas de la organización son claros, y todos deben remar en la misma dirección.

Sin embargo, conseguir la satisfacción del empleado debe ser perfectamente compatible (en la mayoría de casos) con los objetivos y necesidades de la organización.

Las necesidades personales del empleado, sus expectativas de desarrollo laboral, la compatibilización de la vida profesional con la personal, ó la simple satisfacción con la manera de trabajar, son aspectos importantes a tener en cuenta.

Es decir, que el empleado rema hacia donde tiene que remar, y con la intensidad que se le pide, pero porque está sentado de manera cómoda en su puesto de remero, y motivado para llegar a puerto.

Un ejemplo a nivel muy sencillo: un empleado siempre llega tarde al trabajo, por motivos personales, pero es eficaz en su trabajo y consigue los objetivos que le han sido marcados. Tras hablar con él, su jefe puede entender el por qué de estos retrasos, reconocer la necesidad personal del empleado, y acordar con él que llegue siempre media hora más tarde, y salga también media hora más tarde, aunque la política de la empresa sea la puntualidad estricta (dependiendo del caso, deberá haberlo acordado antes con su superior).

Jerarquía, orden y distancia

Ya hablamos en el Capítulo II sobre la distancia necesaria para gestionar personas. Sólo recordaremos aquí que una cosa es tener una actitud cordial, integradora, y amigable, y otra muy distinta hacerse "amigo" de los subordinados, ó irse de vinos con ellos y comentar tus problemas personales, ó de lo que se "cuece arriba" en la organización.

Si no existe esa distancia, por un lado le resultará a uno difícil tomar determinadas decisiones duras, ó simplemente no muy agradables, por implicación emocional con los subordinados. Por otro lado, será probable que uno pierda credibilidad ante sus subordinados. Credibilidad necesaria para implementar sobretodo las decisiones que no gustan.

Por tanto, el liderazgo implica cierta soledad, y uno ha de tener un mínimo de fuerza interior para tolerar esa soledad. Dado que los subordinados no pueden ser los confidentes, si uno necesita comentar las dudas, problemas, e insatisfacciones laborales, ha de buscarse otras personas con quien hacerlo en la organización, y esos son los colegas jerárquicos, ó los superiores, si están abiertos a ello.

En cuanto a frustraciones ó problemas personales, lo mejor es acudir a amigos y familiares fuera de la organización, ó un profesional de la ayuda.

Todo esto puede parecer obvio, pero gran cantidad de Directivos no lo respetan, haciendo partícipe a sus subordinados de sus dudas ó criticas con la política de la empresa, ó con determinadas decisiones de un Directivo superior, causando falta de compromiso en su equipo para con la organización, pérdida de motivación, ó conflictividad laboral.

Si son los temas personales los que se comentan, lo que se pone en riesgo es la autoridad posterior del Directivo, cuando tenga que tomar decisiones no agradables de ejecutar ó asumir para su equipo.

Otro factor inherente a la aplicación de la jerarquía es el anteponer los intereses de la organización por encima de todo. Si esa es la motivación que guía toda decisión, el equipo percibirá que tiene un jefe imparcial, y aunque determinada decisión no guste, si el equipo sabe que es realmente por el bien de la organización (en oposición a intereses personales del Directivo), ésta será finalmente aceptada.

El problema es cuando el Directivo toma decisiones por intereses personales (progresar, apuntarse medallas, comodidad), ó desde la emocionalidad (rechazo a determinado individuo ó sector de la organización ó de otras organizaciones, cambios de humor, volcado de actitudes y problemas personales en situaciones profesionales, etc.). Créeme, querido lector: esto es mucho más habitual de lo que parece.

EJEMPLO 29. El Jefe de Ventas de una zona geográfica ha vuelto de una Convención nacional, donde aunque la media de ventas de su zona no es mala, es inferior a la de otra, que lidera un jefe al que éste odia profundamente.

El ranking entre las dos zonas se convirtió en motivo de discusión entre ellos en la Convención, y el Jefe vuelve con la firme intención de demostrarle al otro "quién es el mejor". Realiza determinados cambios, por tanto, en la estrategia de ventas, que su equipo no entiende, por no ser coherentes con la estrategia que siempre llevaban.

Además, se vuelve especialmente exigente y agobiante, realizando desagradables comentarios a su equipo.

Otro factor a evitar es el puenteo, del que ya hablamos en el Capítulo II. Permitir el puenteo, aunque sea en situaciones aparentemente inocentes y sencillas, también afecta a la credibilidad del Directivo puenteado, y afectará por ende a otras decisiones que éste intente implementar, y que pueden ser recibidas con poca credibilidad por parte de sus subordinados.

Por eso es importante evitarlo, y atajarlo en cuanto se detecte, aunque parezca un puenteo *light* ó inocente. No hay puenteos grandes ó pequeños. Todos son puenteos, y debemos atajarlos en sus comienzos, para evitar males mayores en el futuro. Ya hablamos en el Capítulo II de cómo hacerlo.

Capacidad de Mando

La capacidad de mando, además de factores como saber coordinar equipos, solventar problemas, diseñar estrategias, etc., se denota especialmente a la hora de tomar decisiones difíciles y encarar conflictos, anteponiendo el bien de la Organización, sus Objetivos, y el bien del colectivo. Esto requiere cierta fuerza interior, e incluye:

- **Reprender el desempeño incorrecto.** A menudo hay que no sólo supervisar, sino también encarar el mal desempeño de un subordinado. Y ello no quiere decir que tenga que ser desde la acritud, ó con ira. Se puede, y se debe realizar desde la neutralidad y la cordialidad, pero con firmeza. Pero a algunos Directivos les cuesta encarar estas situaciones con un subordinado (no consecución de objetivos, mala calidad en el trabajo, etc.).

- **Reprender las conductas incorrectas.** Hay ciertas conductas que deberán ser encaradas, como, dependiendo de las normas de cada organización, la impuntualidad, la conflictividad, el desafío a la autoridad, la falta de respeto hacia un superior ó colega, el mal servicio a un cliente, etc. También es una acción que a algunos Directivos les cuesta realizar, pero no hacerlo repercutirá negativamente en el equipo y en los resultados de la organización.

- **Penalizar/Expedientar/Trasladar/Despedir.** Cuando el mal desempeño ó la mala actitud de un subordinado es grave ó constante, el Directivo ha de ser capaz de tomar la decisión de penalizarle, trasladarle, ó despedirle (expedientarle, en caso de organizaciones públicas). Esto también suele ser un "mal trago" que el Directivo ha de estar preparado para realizar. Lo contrario no iría en beneficio de la organización (aunque es más cómodo para algunos Directivos).

- **Afrontar quejas de clientes, colegas y superiores.** La gestión de conflictos, la responsabilidad, la comunicación asertiva y la psicología emocional son habilidades útiles a la hora de afrontar estos temas. En cualquier caso, se requiere cierta fuerza interior.

- **Intermediar soluciones en situaciones difíciles**. Hay infinidad de situaciones que requerirán la intervención del Directivo, su fuerza interior, y su entereza para anteponer los intereses de la organización a, por ejemplo, su comodidad.

  Unas entran dentro del ámbito de lo personal (conflictos entre personas de la organización), y otras en situaciones de colaboración con otras organizaciones, como por ejemplo cancelar contratos con proveedores (afrontando las quejas del proveedor), cancelar ó redefinir un proyecto, asumir responsabilidades, etc.

- **Reconocer y recompensar.** El último de los principales puntos en este apartado que comentaremos (aunque no el menos importante), es la capacidad de reconocer los méritos de los subordinados (expresándolo abiertamente, con el subordinado ó en público).

  También incluye recomendar para promoción a aquellos más capacitados para asumir puestos de más responsabilidad, y recompensar (que no es lo mismo que promover) contribuciones especialmente significativas de un subordinado.

Autoridad Vs. Autoritarismo

La autoridad se gana. El autoritarismo se impone. La autoridad real te la dan tus subordinados. El autoritarismo se basa exclusivamente en la autoridad formal que concede la organización (determinado puesto Directivo), y se aplica en base a los propios criterios, sin tener mucho ó nada en cuenta a los subordinados.

El autoritarismo es más fácil. Uno no ha de tener en cuenta las necesidades, opiniones, ó realidad de sus subordinados, pero conlleva siempre consecuencias negativas, no sólo a nivel humano en la plantilla, sino también en cuanto a resultados, como hemos ido viendo a lo largo de capítulos anteriores.

La autoridad es más difícil de ganar, en tanto que no estamos habituados a ganárnosla, y no se nos ha enseñado a ello. Pero repercute infinidad de parabienes, no sólo en la cohesión y buen clima laboral, y no sólo en los resultados del equipo u organización, sino también en el bienestar personal del Directivo. Es un estilo de liderazgo que conlleva a la larga menos tensiones y más satisfacción personal.

La autoridad se gana, principalmente, siguiendo los siguientes cuatro principios:

1. **Ser siempre imparcial** en la toma de decisiones, anteponiendo siempre el bien del grupo, de la organización, al del individuo (el individuo puede ser los intereses personales del mismo Directivo, ó de cualquier subordinado)

2. **Cuidando y protegiendo a tus subordinados**. Significa, además de la actitud vista en secciones anteriores de este libro, velar por la satisfacción y el buen funcionamiento de aquellos a tu cargo.

   Y a veces ello conllevará acordar con tus superiores determinadas mejoras en las condiciones de uno ó todos tus subordinados (si los superiores acceden a ello), ó "protegerles" de que determinados cambios ó decisiones que vienen de arriba, les afecten de la mejor manera posible.

Esa protección a veces significa acordar, en la medida en que tus superiores lo acepten, los mecanismos de implementación de esos cambios ó decisiones en tu equipo. El Directivo a menudo tiene cierta capacidad de maniobra. Un ejemplo sencillo de ello es, ante una directriz superior de, pongamos, cambios de horario ó turnos, poder acordar con tus superiores algunas variaciones de la misma, para uno ó todos tus subordinados, que les encajarán mejor en sus necesidades personales.

3. **Respetando a todo el mundo, y todas las distintas opiniones**. Respetar no implica hacer lo que los subordinados digan, pero sí tener en cuenta sus opiniones y su realidad. Porque a menudo te reportarán información importante, que puede afectar a tu decisión.

Por tanto, algunas veces tras escuchar a todos, variarás ligeramente tu decisión, otras de manera importante, otras de manera radical, y otras no la variarás en absoluto.

Pero tu equipo sabe que les has escuchado realmente, y les has tenido en cuenta, aunque la responsabilidad última sea tuya, y finalmente hayas decidido algo que aunque no les acaba de gustar, está decidido por criterios imparciales, y en beneficio de la organización.

4. **Con los años de antigüedad en la organización, o en el puesto**. Alguien que acaba de llegar a una organización, aunque sea a un puesto Directivo, no tiene aún la autoridad moral de su equipo. Deberá ganársela, demostrando los principios que hemos comentado de imparcialidad, servicio a los objetivos de la organización, y servicio a las necesidades y realidad de los subordinados.

A menudo ya desde la primera reunión de equipo tus subordinados saben cuál es tu talante y actitud, y ello ya genera un comienzo de autoridad, ó de autoritarismo. Sin embargo, los años de experiencia en la organización es de por sí un factor que automáticamente conlleva cierta autoridad moral, aunque la persona no aplique ninguna de las recomendaciones comentadas, sea autoritario, ó simplemente mal Directivo.

Es algo inconsciente, que nos viene de la tribu: el que lleva mucho tiempo en el grupo tiene más información histórica de qué funcionó y qué no, y también por llevar más tiempo merece cierto respeto, por su contribución pasada a la organización (aunque la mente consciente pueda valorar que determinada contribución fue negativa, ó escasa, el inconsciente sabe que en algo contribuyó, seguro).

Por eso, aunque el Directivo anterior al que substituyes fuera conocido por déspota, ó por incompetente, guárdate mucho de creer eso, ó de tener una creencia interna de desprecio a su capacidad ó sus resultados. Porque el inconsciente del equipo no lo tolerará, y se revelará. Es como con la pareja: una cosa es que él o ella critique a su madre, pero otra muy distinta es que lo hagas tú.

La actitud correcta en este caso es respetar la contribución del Directivo anterior. Tanto ex Directivos del mismo rango que tú, como ex Directivos de niveles superiores: reconocer que hicieron lo que pudieron, con el contexto que tenían, de la misma manera en que tú harás ahora lo que puedas, con el contexto que tienes.

Encargado de observar y aplicar las Leyes Sistémicas

Las leyes sistémicas, que hemos visto ya, siempre influencian, y mucho. Ahora que las conoces, sería recomendable que las respetes y apliques, en la medida de tus atribuciones jerárquicas.

Así, recordamos brevemente algunas de las situaciones y recomendaciones con respecto a cada ley sistémica.

1.   **Jerarquía.** Aplica tu nivel jerárquico, sin excederte a temas que son atribuciones de niveles superiores, ni hacer dejación de tareas que te competen (por miedo al conflicto,

por falta de implicación personal con la organización, por amiguismos con algún miembro de tu equipo, por preferir "vivir tranquilo"…).

Evita el puenteo, y aplica las recomendaciones vistas sobre cómo dirigir personas (ganarse la autoridad, orden y distancia con subordinados, capacidad de mando, ser el interfaz, y la actitud de servicio a la organización y a tu equipo).

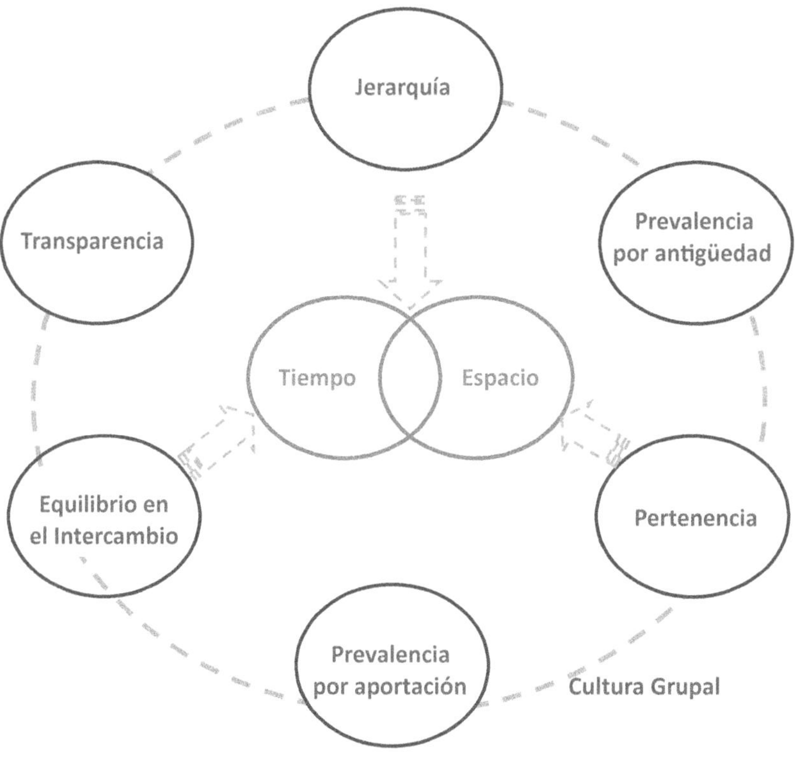

2.   **Pertenencia.** Respeta y reconoce la contribución de

miembros pasados de la organización, a cualquier nivel jerárquico, pero sobretodo aquellos que tuvieron una contribución significativa (fundadores, personas que hicieron crecer la organización, personas que la mantuvieron en épocas de crisis…).

Date cuenta de que a menudo pertenecen a tu organización personas o grupos de fuera de los muros de la misma, y asegúrate de que todo miembro bajo tu mando tiene un puesto y atribuciones claras y conocidas por todos, y se siente integrado en el equipo. Cuidado con los que se autoexcluyen, ó de excluir a alguien por motivos no neutrales.

Asegúrate, antes de trasladar ó despedir a alguien, que las motivaciones son realmente imparciales, y por el bien de la organización (mira en tu proceso interior de decisión si realmente la motivación es más personal).

Cuando comuniques el traslado/despido, tanto a la persona como a los demás, hazlo de la manera correcta (reconociendo la aportación realizada, pero no con palabras prefabricadas, sino creyéndotelo, sinceramente, como ya hemos visto).

3.   **Equilibrio entre aportar y recibir.** Estate atento a desequilibrios entre lo que cada miembro de tu equipo aporta y recibe de la organización, tanto de más, como de menos. Recompensa las aportaciones extraordinarias, y corrige las aportaciones que no llegan al nivel acordado.

Recuerda que esta ley también aplica a relaciones entre áreas de la organización, y sobretodo con otros entes externos (otras organizaciones que colaboren en un proyecto, proveedores, etc.).

4. **Prevalencia por aportación**. Los que contribuyen más a los resultados han de tener más reconocimiento.

Sobretodo aquellas áreas de tu organización, ó departamentos, cuya función es más vital para la supervivencia de la organización (y que a menudo no están muy consideradas). Hemos visto ejemplos de distintos departamentos más vitales, según el tipo de organización.

5. **Prevalencia por antigüedad**. Respeta la antigüedad de todos, y en especial de aquellos subordinados que llevan muchos más años que tú en la organización (el ejemplo extremo es cuando acabas de incorporarte a una organización, donde el resto seguro que lleva mucho más tiempo que tú en ella).

Si ellos no notan que se les respeta por esa antigüedad, su inconsciente ó su consciente hará que tengan baja productividad, alta conflictividad, y tantos otros problemas.

6. **Transparencia.** Ante cualquier situación de crisis, de cambio, ó tensa, la verdad para con tu equipo siempre funciona mejor que la ocultación, como ya hemos visto.

Afrontar las situaciones de cara, e integrando a todos en que remen para su resolución, da mejores resultados. Y si no aplicas la transparencia en temas individuales (pongamos que vas a despedir a alguien en unos meses, pero no se lo comunicas), luego no te quejes de que no comparte el conocimiento, no rinde, da problemas, ó no forma al que acaba de llegar. Él percibe lo que tú no le has dicho, y por eso se comporta así.

7.   **Cultura organizacional.** Distintas organizaciones tienen distintas culturas, y distintas personas también tienen distintas culturas y valores que les fueron transmitidos en su familia. Si vienes de otra organización, saca tu antena y capta cual es la cultura de ésta, ó consigue que alguien te explique la manera de hacer las cosas aquí.

En colaboraciones con personas de otras organizaciones, u otros países, ten en cuenta que tu cultura, tu manera de hacer las cosas, no es necesariamente "mejor". Es distinta. Y es bueno acordar con los demás las prioridades comunes de este proyecto, qué primará sobre qué, y cómo se organizarán las cosas, tal y como hemos visto en el Capítulo VIII.

Y en tu equipo, puede que distintas maneras de funcionar en algunas personas, distintos valores, provengan de sus distintas culturas familiares y sociales, ó de las organizaciones de las que vienen. Define, si no está definida ya, la cultura de tu organización, y asegúrate de que es entendida por tu equipo, y que todos se alinean con ella.

Intenta también ver cada situación, por tensa, conflictiva, ó sencilla que te parezca, desde un marco más grande: el marco que incluye a todo el equipo, las distintas áreas de la organización, la historia de todos estos grupos, y otros entes y organizaciones que interactúan con la tuya (clientes, socios, proveedores, el Estado regulador, etc.).

Y si necesitas ayuda para ver determinada situación con neutralidad, ó desde una visión más amplia, recurre a un coach sistémico, que te permita dar con la verdadera causa del problema, y la solución. Si decides buscar un coach, ya sea sistémico ó no, la recomendación es no fijarse tanto en su supuesto bagaje, formación, ó certificaciones, porque de todo hay en la viña del Señor, sino en las referencias que te puedan dar de él otras personas u organizaciones que conozcas, y cómo te sientas con él durante la primera sesión.

Finalmente, date también cuenta de lo que puedes y lo que no puedes cambiar. Habrán muchas cosas que no dependan de ti, sino de tus superiores. E intentar cambiarles, ó cambiar sus decisiones, casi siempre es un desgaste que no lleva a ningún sitio.

Dependiendo de la actitud interna (no las siempre educadas palabras, sino lo que hay debajo) con la que se proponga algún cambio al superior, a menudo lo único que se consigue es que al final los superiores le vean a uno con peores ojos.

Juega el juego con las cartas que tienes. Puede que

humildemente, y con la actitud correcta, consigas de vez en cuando que te cambien alguna, pero hay muchas que no podrás cambiar.

Otras herramientas

Hay situaciones especialmente tensas en el día a día de la Gestión de personas para las que a veces el Directivo se encuentra falto de herramientas y, amén de intentar aplicar el sentido común (que es el menos común de los sentidos), lo más habitual es reaccionar desde los propios valores, ó la emocionalidad. Estas situaciones suelen venir detonadas por el supuesto mal desempeño de un subordinado concreto.

Posibles herramientas a aplicar en este caso concreto son:

- **Empatía y la confianza del subordinado**. Ante un subordinado que tiene dificultades para acatar determinado cambio ó decisión, ya sea de manera puntual ó repetitiva, hay dos herramientas a tener en cuenta: la empatía y la confianza del empleado en su jefe.

  La empatía, como hemos visto ya, es intentar ponernos en su piel, entender sus circunstancias y características personales, a la hora de hablar con él. El mero hecho de no juzgarle, de no etiquetarle como "el malo", y de entenderle, es algo que hará que su rebeldía sea menor, y que acepte mejor la situación. No es una varita mágica, y se ha de complementar con otras cosas, pero ayuda, y a veces mucho.

Por otra parte, si el Directivo ha demostrado ya que es imparcial, que siempre prioriza los intereses de la organización, y que siempre ha cuidado y apoyado, en la medida de sus posibilidades, a todo subordinado, es muchísimo más probable que el subordinado respete a su jefe, y termine aceptando la situación.

También es bueno recordarle que el tema no es personal, que no va contra él, que afecta a todos, y que es por el bien de la organización. Si el Directivo tiene la confianza del subordinado, por todo lo que hemos comentado, la transición será menos dolorosa.

- **Que el resto del equipo sea tu mejor aliado**. Ante una persona que "ni con esas" quiere acatar determinado cambio ó decisión, ó lo acata a regañadientes, con una queja constante, y si uno es la clase de Directivo sistémicamente correcto que hemos expuesto, es probable que el resto del equipo sea tu mejor aliado. Y en privado le digan algo así como *"¡venga, Manolo! ¡Que te estás pasando!"*, *"¿no ves que si el jefe hubiera podido quitarnos ese turno extra ya lo habría hecho?"*

- **Equilibrio entre dar y recibir**. Ante determinadas situaciones difíciles, puede ser que una promesa de beneficio futuro (prima, vacaciones) sea útil, aunque otras veces no. Lo que sí puede un Directivo del estilo que venimos comentando es no premiar a la persona que no atiende a razones, con las prebendas, ó regalos (a menudo no materiales, como hemos visto anteriormente) que destina al resto del equipo.

Si esto no es suficiente, y sigue sin atender a razones, habrá que penalizarle con alguna herramienta relacionada con lo que esta persona recibe de la organización (económica, formativa, de reconocimiento, etc).

- **Riesgo de pertenencia**. Finalmente, en el caso extremo, donde la persona sigue sin atender a razones, lo lógico es amenazarle con el despido, y finalmente despedirle, ó trasladarle, si pensamos que en otra área puede cambiar su comportamiento e integrarse.

El caso más enrevesado, y más duro, es cuando por cualquier motivo no se le puede despedir ó trasladar (caso de organizaciones públicas, y personas como enlaces sindicales en empresas).

Ahí la situación se complica mucho más, porque el mero hecho de no poder expulsar a una persona que no aporta, e incluso crea más tensión en el resto de sus compañeros, es sistémicamente aberrante. En la tribu nadie se podría imaginar a una persona que se sentara a la bartola mientras los demás realizan las duras actividades diarias, y que encima no se le pudiera expulsar de la tribu. Y además teniendo que darle de comer, y soportar sus constantes quejas y malos modos.

Por eso, la única posible acción que a este sistémico se le ocurre, cuando todo lo demás ha fallado, es simplemente retirarle el apoyo del Directivo. *"Si tú no nos ayudas, yo no te voy a ayudar"*. Olvidándose de esa persona, y focalizando la atención en los que sí colaboran, y sí cumplen con sus obligaciones, y destinando los "regalos" para ellos (atención, cuidado, sociabilidad, premios, etc.). No se trata de realizar *mobbing*, que por definición es acosar y maltratar psicológicamente al empleado para que se vaya, sino simplemente no darle nada, puesto que nada nos da él.

Otra acción que sí es posible en la mayoría de entornos donde no se puede despedir a alguien, es abrir un expediente disciplinario. Muchos Directivos de organizaciones públicas se resisten a ello, por lo complejo y tenso de la gestión, por las insatisfacciones que genera, y porque a veces el expediente no termina en nada.

Pero lo importante aquí es que uno ha hecho lo que está en su mano, ha aplicado su mando, y ha dejado claro, a la persona en cuestión y a sus compañeros, que esos comportamientos no se toleran, independientemente del resultado final del expediente. No abrir expediente es más cómodo para el Directivo, pero sería hacer dejación de sus responsabilidades.

Distorsiones más habituales

Por mucho que en algunas pocas escuelas de negocios se enseñen algunos aspectos aparentemente similares a los descritos, el mensaje no cala hondo en la persona, sino que ésta se queda con las formas, con las palabras, y con las maneras de verbalizar alguna decisión ó cambio, sin cambiar la actitud interna.

Por eso, la realidad actual de nuestras organizaciones (y la realidad de otros países no es muy distinta) es que se siguen infringiendo una ó varias leyes sistémicas en infinidad de situaciones. No hay organización sistémicamente perfecta, así que todas tienen campo para la mejora, con el consiguiente impacto positivo no sólo en el ambiente laboral, sino sobretodo en la productividad y rentabilidad.

En mi experiencia con organizaciones españolas he catalogado seis distorsiones que son las más comunes. En otros países mi experiencia y la de mis colegas es algo distinta, pero no mejor. Simplemente otras culturas tienden a infringir más otras leyes.

Lo más común en España ha sido, por orden:

1. No respetar la jerarquía

2. Anteposición de intereses personales

3. No ejercer el nivel jerárquico:

- por miedo al conflicto personal hacia abajo o hacia arriba, por preferir "vivir tranquilo",…

- por anteponer los objetivos personales

- por falta de compromiso con la Organización

- …

4. Autoritarismo

5. Favoritismo / Amiguismo

6. Puenteo (hacia arriba ó hacia abajo)

Para terminar

Espero, querido lector, que este viaje a los aspectos más ocultos e inconscientes de las organizaciones y la mente humana, te haya servido para ver las cosas de otra manera. Quizás puede que hayas aprendido herramientas, y actitudes, que te sirvan en tu día a día como gestor.

Pero toma lo que te sirva, y deja el resto. Si hay algo en este libro que no has entendido, ó que choca con tu manera de entender la Gestión, mi recomendación, como para todo, es que lo pruebes. Uno no ha de creerse nada de lo que le cuenten, ó de lo que lea en un libro, sino probarlo. Y si al aplicarlo uno ve que las cosas funcionan mejor, entonces es válido.

También ten en cuenta que la interacción de las leyes sistémicas, en cualquier caso u organización, es compleja. Así que uno puede estar viendo en determinada situación que se viola determinada ley sistémica, cuando en realidad la raíz sistémica es otra. Cada organización es distinta, y tiene su propia historia, cultura, y engranaje. Por eso se necesitan a veces los coaches, simplemente porque al ser externos a la situación, e imparciales, pueden ayudarnos.

Te deseo una existencia laboral más productiva, o como mínimo más satisfactoria.

Agradecimientos

Me gustaría agradecer a todos los que directa ó indirectamente han hecho posible que este libro viera la luz. Primeramente, a Bert Hellinger, y tantos otros nombres de la sistémica, algunos de los cuales comenté en la Introducción, por la creación del campo de conocimiento en que nos basamos.

En segundo lugar, a mis profesores, tanto del ámbito organizacional sistémico, donde la lista es larga, como sobretodo del ámbito psicoterapeutico, donde las figuras que más huella me dejaron fueron Svagito Liebermeister (de quien más aprendí, tanto de sistémica, como de la naturaleza humana) y Vedanta Suravi (a quien tengo mucho que agradecer). Y a mi Maestro, Osho, por muchos motivos.

Y en tercer lugar, a aquellos que más directamente han contribuido de alguna manera en este libro. Tanto mis clientes y alumnos, en cuyos casos concretos me he basado para ilustrar los conceptos que he explicado, como los profesionales que han querido contribuir en la contraportada y Prólogo de la obra. También a Íngrid Queralt, de la *Confederació Empresarial de la Província de Tarragona*, por apoyarme en la orientación y publicación del libro, y a Guillermo Lafarga y Abel Claramunt, por ayudarme a revisarlo.

Finalmente, y no menos importante, a mi mujer, por ayudarme a que tuviera el tiempo y la tranquilidad suficiente para escribir este libro.

-Ser Jefe-

Bibliografía

- Seeing Systems. Oshry, Barry (1995). Berrett-Koehler

- Giacomo Rizzolatti et al. (1996). Premotor cortex and the recognition of motor actions, Cognitive Brain Research 3 131-141;

- Praxis der Organisationsaufstellungen. Grundlagen, Prinzipien, Anwendungsbereiche (Taschenbuch). Gunthard Weber (2002).

- Das unsichtbare Netz: Erfolg im Beruf durch systemisches Wissen. Aufstellungsgeschichten (Gebundene Ausgabe) Matthias Varga von Kibed (2003).

- The Organisation of Self-Organisation. Foundations of Systemic Management. Fritz B. Simon (2004).

- Rizzolatti G., Craighero L., The mirror-neuron system, Annual Review of Neuroscience. 2004;27:169-92;

- Invisible Dynamics, Systemic Constellations in Organisations and Business. Horn, Klaus P & Buck, Regine (2005)

- Systemic Consultancy in Organisations. Konigswieser, Roswita & Hillebrand, Martin (2005).

- Iacoboni, M., Molnar-Szakacs, I., Gallese, V., Buccino, G., Mazziotta, J.C., Rizzolatti, G., "Grasping the intentions of others with one's own mirror neuron system", PLoS Biology, 3(3): e79 (2005);

- Fogassi et al, Parietal Lobe: From Action Organization to Intention Understanding, Science, 2005;

- Systemic Coaching: a Target-Oriented Approach to Consulting. Nino Tomaschek (2006).

- Fields of connection: Systemic insights into work and organisations. Jan Jacob Stam (2007).

- Mirroring People: The New Science of How We Connect with Others. Iacoboni, M. (2008)

- V.S. Ramachandran. Mirror neurons and imitation learning as the driving force behind "the great leap forward" in human evolution.

-Ser Jefe-

Sobre el autor

Oscar Rodríguez es uno de los pioneros del coaching sistémico, e introductor de esta novedosa disciplina en nuestro país.

Oscar es el Presidente de la mayor asociación internacional de coaching sistémico (*European Association on Systemic Consultancy -* EURASYC), y profesor del postgrado en Coaching Sistémico de la Universidad Autónoma de Barcelona.

Lleva 12 años trabajando para multinacionales y firmas de consultoría a nivel internacional.

Es uno de los fundadores, y actual Presidente, de la firma de consultoría MainStrat, y en 2007 fundó su actual firma de Coaching y Consultoría sistémica: CS systemic coaching.

Desde mediados de 2005 ha abordado con éxito más de 300 casos, trabajando tanto con organizaciones, como con personas a nivel particular. También realiza talleres in-company de formación y desarrollo Directivo, cursos en Escuelas de Negocios, así como Formaciones completas en coaching sistémico, tanto a nivel nacional como internacional, siendo uno de los formadores más valorados internacionalmente.

Es miembro de la Junta directiva de la Asociación Española Bert Hellinger (AEBH), y miembro del *International Coach Federation* (ICF).

Su formación de base es como Ingeniero Superior en Telecomunicaciones, especialidad en Gestión Empresarial, y posee un Master in Business Administration (MBA Executive).

Para más información, visite su web: **www.cs-coaching.com**

Para actualizaciones y compra de ejemplares de este libro, visite la
web del mismo:

www.serjefe.net

www.ingramcontent.com/pod-product-compliance
Lightning Source LLC
LaVergne TN
LVHW010327200726
843507LV00010B/1390